CAMARADA

Jodi Dean

CAMARADA
UM ENSAIO SOBRE PERTENCIMENTO POLÍTICO

Tradução de Artur Renzo

© desta edição, Boitempo, 2021
© Jodi Dean, 2019

Direção-geral	Ivana Jinkings
Tradução	Artur Renzo
Edição	Thais Rimkus
Preparação	Mariana Zanini
Revisão	Tatiana Vieira Allegro
Coordenação de produção	Livia Campos
Assistência editorial	Pedro Davoglio
Capa	Porto Rocha & No Ideas
Diagramação	Antonio Kehl

Equipe de apoio Camila Nakazone, Carolina Mercês, Débora Rodrigues, Elaine Ramos, Frederico Indiani, Heleni Andrade, Higor Alves, Ivam Oliveira, Jessica Soares, Kim Doria, Luciana Capelli, Marina Valeriano, Marcos Duarte, Marissol Robles, Marlene Baptista, Maurício Barbosa, Raí Alves, Tulio Candiotto

SINDICATO NACIONAL DOS EDITORES DE LIVROS, RJ

D324c

Dean, Jodi, 1962-
    Camarada : um ensaio sobre pertencimento político / Jodi Dean ; tradução Artur Renzo. - 1. ed. - São Paulo : Boitempo, 2021.

    Tradução de: Comrade : an essay on political belonging
    ISBN 978-65-5717-085-4

    1. Participação política. 2. Psicologia política. 3. Participação social. 4. Capitalismo. 5. Comunismo. I. Renzo, Artur. II. Título.

21-70960

CDD: 306.2
CDU: 316.334.3

Camila Donis Hartmann - Bibliotecária - CRB-7/6472

É vedada a reprodução de qualquer parte deste livro sem a expressa autorização da editora.

1ª edição: junho de 2021
1ª reimpressão: janeiro de 2022

BOITEMPO
Jinkings Editores Associados Ltda.
Rua Pereira Leite, 373
05442-000 São Paulo SP
Tel.: (11) 3875-7250 / 3875-7285
editor@boitempoeditorial.com.br
boitempoeditorial.com.br | blogdaboitempo.com.br
facebook.com/boitempo | twitter.com/editoraboitempo
youtube.com/tvboitempo | instagram.com/boitempo

Dedico este livro a M. F.

SUMÁRIO

Agradecimentos 9

Prefácio desta edição, por Jodi Dean 11

1. De aliados a camaradas 19

2. O camarada genérico 49

3. Quatro teses sobre o camarada 97

4. Você não é meu camarada 147

Referências bibliográficas 195

Sobre a autora 207

AGRADECIMENTOS

O peso de reconhecer as inúmeras pessoas que contribuíram com este livro é quase grande demais. Cada palavra se vale de lições aprendidas na experiência de trabalhar junto com outros – outros que nem sempre conheço de nome. Sou especialmente grata pelo apoio desafiador dos diretores e dos participantes da reunião anual do Círculo de Teoria Crítica Radical em Nisyros, na Grécia; pela generosidade de colegas que me proporcionaram oportunidades de apresentar partes do livro em conferências e seminários públicos; e às organizadoras militantes da Assembleia de Mulheres de Geneva pelo que me ensinam todo dia. Quero registrar um agradecimento especial a Paul Apostolidis, Maria Aristodemou, Bernard Aspe, Albena Azmanova, Darin Barney, Paul Buhle, Maria Chehonadskih, Carl Davidson, Alla Ivanchikova, Andreas Kalyvas, Kian Kenyon-Dean, Regina Kreide, Rob Maclean, Artemy Magun, James Martel, Korinna Patelis, Alexei Penzin, Kenneth Reinhard, David Riff, Corey Robin, Marcela Romero-Rivera, Laura Salamendra, Christian Sorace e Oxana Timofeeva. Sou grata a Hannah Dickinson, Kai Heron e Sadie Kenyon-Dean, bem como a minha editora, Rosie Warren, pelos comentários sobre o manuscrito. Como sempre, sinto uma gratidão sem tamanho pela paciência e pelo amor de meu parceiro, Paul Passavant.

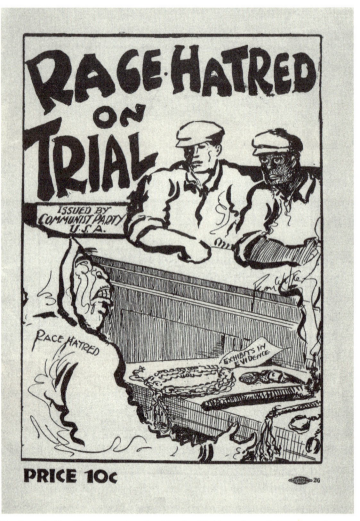

Panfleto do Partido Comunista dos Estados Unidos sobre o julgamento de August Yokinen, que, em 1931, teve de responder por preconceito racial, por defesa da superioridade branca e por expor opiniões prejudiciais à classe trabalhadora (caso citado a partir da p. 152 deste livro).

Prefácio desta edição

É possível pensar, escrever e praticar um comunismo que não seja totalmente determinado pelos debates e pelas divisões do século XX, que aprenda com as lutas socialistas e comunistas – tanto as vitórias quanto as derrotas – e estenda essa luta ao século XXI?

Por um lado, a resposta é um óbvio "sim". Em todo o mundo, a luta socialista e comunista continua, tanto em terrenos práticos quanto teóricos. Partidos revolucionários, partidos eleitorais, partidos de massa e partidos menores continuam a organizar e levantar as reivindicações dos trabalhadores. Teóricos e estrategistas de publicações populares, acadêmicas e sectárias reconhecem a urgência do presente, o imperativo de substituir o capitalismo opressor, extrativista e imperialista por um sistema igualitário emancipatório de produção, distribuição e administração baseado na satisfação de necessidades humanas e não humanas. Além disso, em larga medida devido ao trabalho de militantes e historiadores, a própria ficção de que haveria um único século XX – uma única história da Guerra Fria, com debates e divisões claramente compreendidos – foi descartada, permitindo às lutas atuais encontrar novas fontes de inspiração e continuidade no passado. Como gosta de dizer Slavoj Žižek, o futuro é fixo, mas o passado está aberto.

Por outro lado, há inúmeras práticas que mitigam qualquer aceitação da experiência comunista. O anticomunismo hegemônico aparece em lugares surpreendentes: a incessante demanda

12 | Camarada

de que certos nomes venham obrigatoriamente acompanhados de qualificação (não pode haver menção não irônica a Stálin); de que certas ações sejam sempre denunciadas de antemão (invasões soviéticas da Hungria e da Tchecoslováquia); de repaginarmos o movimento e passarmos a usar nomes totalmente diferentes (nos tornando, por exemplo, anticapitalistas progressistas ativos em movimentos sociais por democracia real). Embora não surpreenda que as instituições dominantes exijam a reafirmação constante da superioridade da democracia liberal, o reflexo de dar preferência inquestionável ao debate, da suspeita em relação à disciplina e da denúncia de qualquer indício de autoridade centralizada ou organizada "de cima para baixo" atesta o dogmatismo "de baixo" a que sucumbiu boa parte da esquerda contemporânea.

A maioria de nós reconhece que esses reflexos dependem do contexto. A persistente reabertura de toda e qualquer decisão ao debate nos impede de fazer com que as coisas aconteçam. Poder contar com as pessoas para que elas compareçam e realizem o que foi acordado é importante. Como vimos no contexto da pandemia da covid-19, uma comunicação clara e orientada pela ciência e o uso consistente de autoridade organizada "de cima para baixo" podem salvar vidas. Países cujos líderes se recusaram a levar o vírus a sério (Brasil, Estados Unidos e Reino Unido se destacam como exemplos óbvios) vêm registrando números significativamente maiores de infecções e mortes.

Meus últimos três livros contribuem para revigorar a teoria comunista. Cada um dobra uma aposta apresentada no anterior. *The Communist Horizon* [O horizonte comunista] argumenta que o comunismo é o horizonte da nossa política, a linha divisória que nos diz onde nos encontramos. *Crowds and Party* [Multidões e partido] defende que o partido constitui a forma política necessária para a luta pelo comunismo. Agora, *Camarada: um ensaio sobre pertencimento político* apresenta o camarada como a relação entre

Prefácio desta edição | 13

os membros do partido – entre aqueles que se encontram de um mesmo lado político –, que lhes confere a capacidade de persistir, lutar e vencer. O objetivo nesses livros é fornecer uma alternativa convincente às visões de democracia radical, anarquismo e ativismo baseado em pautas específicas e em identidades – visões que compõem uma espécie de senso comum de esquerda pouco coeso.

Este livro apresenta uma análise conceitual do camarada como forma de pertencimento político. Eu investigo o uso do termo na tradição socialista e comunista como uma forma de tratamento, como portador de expectativas e como figura de relação política entre aqueles que se encontram do mesmo lado de uma luta política. O livro não investiga as diversas formas de motivação política nem os diferentes caminhos por meio dos quais as pessoas se radicalizam. Meu interesse, aqui, é nas capacidades geradas como efeitos da autoinstrumentalização voluntária e combinada a serviço de um objetivo político comum, mais especificamente o objetivo de derrubar o capitalismo racial patriarcal e construir uma sociedade na qual a produção seja baseada em atender às necessidades humanas. Para tanto, ressalto a disciplina, a alegria, a coragem e o entusiasmo como as principais características do camarada.

Meu interesse neste livro é com o camarada como forma, como figura política genérica. Atentar para a dimensão genérica do pertencimento político que deriva do camarada enquanto forma joga luz sobre uma dimensão igualitária e utópica da luta socialista e comunista que é irredutível a qualquer conteúdo programático. A etimologia de "camarada" é ilustrativa aqui. Ela remonta ao termo latino *camera*, que designa um quarto ou abóbada: uma abóbada é uma estrutura repetível que demarca um espaço de cobertura com apoios; um cômodo que estabelece uma divisão entre aqueles que se encontram dentro e aqueles que se encontram fora dele. Um cômodo é indiferente àqueles que se encontram dentro dele; ele os cobre, contém e abriga independentemente de quem eles sejam.

14 | Camarada

A modalidade da análise deste livro é a mesma de *Crowds and Party*. Lá eu apresento o partido como uma associação política solidária que atravessa locais de trabalho, setores, regiões e nações. O partido comunista é uma forma de afirmar uma divisão, isto é, de enfatizar o antagonismo fundamental do conflito de classe e trabalhar em prol da vitória das pessoas proletarizadas. Eu fundamento esse tratado sobre o partido na multidão. Massas de pessoas nas ruas exercem uma força; perturbam a ordem convencional e abrem uma brecha de possibilidade. Enquanto multidão, todavia, elas não têm uma política; elas apresentam uma oportunidade para uma política. Toda multidão disruptiva de massas traz consigo elementos heterogêneos: diferentes grupos políticos, gente que encara a coisa toda como um simples passeio, o pessoal que gosta de alvoroço, polícia etc. No rescaldo de um acontecimento de multidão, há uma disputa em torno de seu significado: quem eram e o que queriam aquelas pessoas? O partido comunista é aquele que enxerga nos acontecimentos disruptivos de multidão a luta de classes, isto é, a força emancipatória das pessoas divididas.

Tem mais: valendo-me de *Massa e poder*, de Elias Canetti, enfatizo "a descarga igualitária" como a "substância" da multidão, essa dimensão da experiência que rompe a individualidade e confere à multidão sua dinâmica, sua energia, sua atratividade, sua capacidade de rasgar uma brecha no cotidiano. O partido comunista amplifica essa dimensão específica da multidão, seu igualitarismo, estendendo-o depois que esses grupos voltam para casa *na* luta por justiça e *como* a luta por justiça.

O camarada genérico é correlativo à multidão incipiente. Nenhum dos dois é determinado por conteúdos específicos, mas, antes, por suas formas – formas que têm uma dimensão igualitária irredutível às concepções burguesas de equivalência criticadas por Marx. Além disso, tanto na multidão quanto no camarada, a dimensão igualitária deriva da superação da

Prefácio desta edição | 15

individualidade. Em uma multidão, essa superação é momentânea. No camarada, é uma característica permanente, intrínseca ao que significa ser camarada.

Essa forma de abordar o partido comunista reconhece a diferenciação entre a classe e o partido. Como os capitalistas exercem o poder não apenas na fábrica e no mercado, mas também por meio do Estado, isto é, de instituições que geram legitimidade e operam de maneira coercitiva, a luta dos proletarizados produz formas de luta tanto políticas quanto econômicas, produz tanto partidos quanto sindicatos. Ambos são locais e também instrumentos de luta, organizações para construir solidariedade e unidade, precisamente porque nenhuma delas decorre natural ou imediatamente da posição das pessoas na produção. Marx e Engels vincularam o socialismo não à identidade de classe, mas à luta de classes, ao movimento e à capacidade de forçar esse movimento em uma direção política que resulte na tomada e no esmagamento do Estado, na transformação da produção e na abolição das classes. Minha teorização estabelece uma continuidade com as versões marxistas do partido como vanguarda da classe trabalhadora, mas não deixa de reconhecer a necessidade de repensar o que isso significa em um contexto de consciência de classe reduzida e ceticismo em relação a vanguardas. Assim, penso o partido comunista como uma resposta fiel ao movimento dos proletarizados.

Neste livro, considero meu método "compositivo especulativo". Em vez de estabelecer uma história linear que demarca mudanças e períodos, e em vez de mobilizar uma crítica detalhada de elementos de socialismos reais existentes, extraio os exemplos de seus contextos, resgatando-os para as lutas correntes por outro futuro. Procuro diferentes exemplos de usos da palavra "camarada" e invocações de camaradagem conforme elas aparecem ao longo do último século de experiência socialista, comunista e, ocasionalmente, anarquista. Minhas seleções são deliberadamente

16 | Camarada

ecléticas porque quero apresentar uma visão de pertencimento político que foi compartilhada e assumida por uma série de socialistas e comunistas durante um período relativamente longo. Mesmo quando não eram mais camaradas, eles ainda sabiam o significado da camaradagem.

O cerne do livro são quatro teses sobre o camarada: 1) "camarada" dá nome a uma relação caracterizada por uma condição comum, pela igualdade e pela solidariedade (uma relação que, no entendimento dos comunistas, rompe as determinações da sociedade capitalista); 2) qualquer um, mas nem todo mundo, pode ser um camarada; 3) o indivíduo (como lócus de identidade) é o "Outro" do camarada; e 4) a relação entre camaradas é mediada pela fidelidade a uma verdade; as práticas de camaradagem materializam essa fidelidade, construindo essa sua verdade no mundo. O resto da argumentação demonstra por que a camaradagem é a forma de relação política necessária para a esquerda hoje.

Perguntaram-me se este livro seria para revolucionários de uma variedade de tradições ou se ele se dirige aos leitores de uma tradição particular*. Ou seja: seria esta uma análise "sectária", animada pelas preocupações de determinado campo, ou uma análise que se orienta no interior de uma tradição antiautoritária independente mais ampla? A resposta é que o livro rejeita essa oposição. A ampla gama de exemplos arregimentados para uma discussão sobre a forma de pertencimento político faz com que essa contraposição pareça antiquada, implausível. Os recursos teóricos que uso para o argumento formal vêm da intersecção entre o marxismo e a psicanálise. Recorro às ferramentas conceituais desenvolvidas nessa intersecção para me dirigir a um amplo setor da esquerda:

---

* Ver Jordy Cummings, "Thoughts on Jodi Dean's *Comrade*: A Critical Engagement", *Spectre Journal*, 6 abr. 2020. Disponível em: <https://spectrejournal.com/thoughts-on-jodi-deans-comrade/>; acesso em: 7 maio 2021. (N. E.)

Prefácio desta edição | 17

àqueles que podem se considerar revolucionários, a outros que talvez realmente sejam revolucionários e a muitos que, espero, talvez se tornem revolucionários. Quero fazer com que o problema que a esquerda enfrenta hoje venha à tona: a saber, sua falta de capacidade de estratégia ou tática unificadas. Em outras palavras, quero evidenciar essa falta de capacidade política estratégica ou, visto que para muitos ela já é evidente, explicitar esse fosso onde ela não se manifesta, a ponto de que o desejo por organização e camaradagem seja visto como absoluto e urgente. Seria essa uma posição partidária? Sim – a verdade é partidária.

Este livro distingue as relações entre camaradas de outros tipos de relação: entre parentes, vizinhos, cidadãos e amigos. A camaradagem não abole essas outras relações, embora difira delas, apontando para o fato de que nossos mundos sociais nos envolvem em relações múltiplas, diferenciadas e às vezes sobrepostas. Para que façamos um trabalho político eficaz, é preciso saber identificar essa diferença. Por exemplo, em certos meios de esquerda, a rica experiência de amizade pode impedir um grupo de crescer; pessoas novas se sentem pouco à vontade ou menos bem-vindas por conta da familiaridade entre aqueles que já estão juntos há bastante tempo. Por sua vez, problemas interpessoais podem minar o trabalho político; o pessoal se sobrepõe ao político. Realizar o trabalho requer colocar o eu em segundo plano. Afinal, o objetivo da camaradagem não é cultivar a individualidade; é derrubar o capitalismo.

Aqui, cumpre esclarecer um ponto a respeito de classe. Por que eu não distingo a relação entre integrantes de uma mesma classe da relação entre camaradas? Será porque as relações entre camaradas são necessariamente relações entre membros de uma classe? A resposta é não. Este livro não traz nenhuma explicação da formação de classe, tampouco uma teoria da composição de classe. Ele é sobre a forma de pertencimento entre aqueles que compartilham uma política. Se eu fosse incluir a classe na lista de "outros tipos de relação", talvez enfatizasse a combinação de uma condição comum no que diz respeito à posição na produção junto com a competição induzida pelo modo de produção capitalista. E, depois, talvez recorresse a Lênin para apontar como essa combinação pode levar à consciência sindical sem produzir uma consciência política compartilhada. Mas não é o que faço. E por dois motivos. Em primeiro lugar, pressuponho a coexistência continuada dos "outros quatro tipos de relação". O comunismo, entretanto, implica a abolição das classes. Exploro isso no segundo capítulo, pela leitura do romance *Chevengur*, de Andrei Platónov, na chave de uma descrição da camaradagem como grau zero do comunismo. Em segundo lugar, "camarada" tem sido o tratamento preferido entre os comunistas porque sua negatividade disruptiva sinaliza o fim das relações hierárquicas, opressivas e exploradoras e a promessa de relações novas, o próprio intuito da luta de classes. É a história socialista e comunista da luta de classes que imbui o camarada de sua igualdade divisiva.

Muito me alegra ver a edição brasileira de *Camarada*. A história persistente, virulenta e violenta de anticomunismo no Brasil há muito fez da camaradagem uma necessidade e um desafio. Quando até mesmo pequenas reformas são demonizadas como comunistas, isto é, quando o anticomunismo serve como uma das principais armas do arsenal político da direita, a esquerda pode se ver dilacerada pelas pressões concorrentes do compromisso social-democrata, de um lado, e do purismo anarquista, de outro. Nesse contexto, mais que em qualquer outro, precisamos saber quem são nossos camaradas, quem está conosco do mesmo lado da luta.

Jodi Dean
6 de abril de 2020

1
DE ALIADOS A CAMARADAS

Várias piadas do discurso que o presidente Barack Obama deu no Jantar de Correspondentes da Casa Branca em 2016 tinham como alvo o senador Bernie Sanders. Sanders estava fazendo uma campanha surpreendentemente forte contra a provável candidata presidencial do Partido Democrata, a ex-secretária de Estado Hillary Clinton. Depois de alguns acenos a celebridades e figuras políticas, Obama voltou ao assunto Sanders, dizendo:

> Muitas pessoas se surpreenderam com o fenômeno Bernie, especialmente com seu apelo entre os jovens. Eu não, eu entendo esse apelo. Há pouco uma moça veio até mim e disse que estava cansada de políticos atrapalhando seus sonhos. Como se fôssemos mesmo deixar a Malia ir ao Burning Man* neste ano. (Risos.) Isso não aconteceria. (Risos.) Bernie talvez a tivesse deixado ir. (Risos.) Mas não nós. (Risos.)
>
> Fico magoado, Bernie, que você esteja se distanciando um pouco de mim. (Risos.) Quer dizer, isso não é algo que se faça com seu camarada. (Risos e aplausos.)[1]

---

* Malia Obama, nascida em 1998, é a filha mais velha de Barack e Michelle Obama. Quanto ao Burning Man, refere-se a um festival de arte, música e contracultura realizado anualmente no deserto de Nevada, nos Estados Unidos. (N. E.)

[1] "Here's the Full Transcript of President Obama's Speech at the White House Correspondents' Dinner", *Time*, 1º maio 2016. Disponível em: <https://time.com/4313618/white-house-correspondents-dinner-2016-president-obama-jokes-transcript-full/>; acesso em: 26 abr. 2021.

20 | Camarada

A última piada aponta para a fenda socialista que a campanha de Sanders abriu na política estadunidense. À primeira vista, o gracejo parece uma forma de *red-baiting* – um lembrete sutil de Obama ao fato de que Sanders se autodeclarava socialista e, portanto, seria inaceitável para a classe política dos Estados Unidos. Mas talvez não. Talvez fosse uma forma de lembrar ao público que Sanders não era membro do Partido Democrata e, portanto, estava longe de ser camarada de partido de Obama. Sanders queria a indicação do Partido Democrata à Presidência, embora ele não fosse, de fato, um democrata. Há também uma terceira maneira de ler a piada. Lembre-se de como a direita estadunidense recorreu com insistência a táticas de *red-baiting* para atacar Obama, acusando-o de ser comunista ou socialista. Por oito anos, a direita execrou o primeiro presidente negro do país como a autoridade mais radical de esquerda que já ocupara a Casa Branca. Zombando do "camarada Obama", a direita o associou a Lênin, Stálin, Che e Mao. Lida dessa forma, a piada aponta não para *Sanders* como um camarada, mas para *Obama* como um camarada. Obama poderia se referir a si mesmo como camarada de Sanders, como alguém que compartilha com Sanders um horizonte político comum, o horizonte igualitário emancipatório que o termo "camarada" denota. Se eles estavam do mesmo lado, então Obama poderia esperar um pouco de solidariedade de seu camarada Sanders. A piada funcionou, porque todos os presentes – de celebridades a figuras do *establishment* político de Washington, passando por magnatas da mídia – sabiam muito bem que Obama não é um camarada. Ele não chega nem perto de compartilhar a perspectiva política de Sanders, por mais que a direita não veja diferença entre os dois.

O termo "camarada" designa uma relação política, um conjunto de expectativas de ação em direção a um objetivo comum. Sublinha o que há de comum entre aqueles que se encontram de um mesmo lado – independentemente de suas diferenças, os camaradas estão juntos na luta. Como pressupõe a piada de Obama, ao compartilhar uma perspectiva política, em geral você não se distancia de seus camaradas. A camaradagem lastreia a ação, e, nesse lastro, nessa solidariedade, ela coletiviza e direciona a ação à luz de uma visão compartilhada para o futuro. Para os comunistas, trata-se de um futuro igualitário de uma sociedade emancipada das determinações da propriedade privada e do capitalismo e reorganizada de acordo com a livre associação, o benefício comum e as decisões coletivas tomadas pelos produtores.

Mas o termo "camarada" antecede seu uso por comunistas e socialistas. Nas línguas românicas, "camarada" aparece pela primeira vez no século XVI para designar alguém que divide um quarto com outra pessoa. Juan A. Herrero Brasas cita a definição do termo em um dicionário histórico-linguístico espanhol: "*Camarada* é alguém que está tão próximo de outra pessoa que come e dorme na mesma casa"[2]. Em francês, o termo era originalmente feminino, *camarade*, e referia-se a um quartel ou um quarto compartilhado por soldados[3]. Etimologicamente, "camarada" deriva de *camera*, palavra latina que designa quarto, câmara ou abóbada. A conotação técnica de "abóbada" qualifica uma função genérica, a estrutura que produz determinado espaço específico e o mantém aberto[4]. Uma câmara ou uma sala é uma estrutura repetível cuja forma produz uma parte interna separada de uma externa e fornece um teto, uma cobertura com apoios para aqueles que estiverem sob ela. Dividir um quarto, compartilhar um

---

[2] Juan A. Herrero Brasas, *Walt Whitman's Mystical Ethics of Comradeship* (Albany, Suny Press, 2010), p. 86.

[3] Ver o verbete "camarade" no Wiktionary: <https://en.wiktionary.org/wiki/camarade>; acesso em: 26 abr. 2021.

[4] Devo essa observação a Andre Matlock. Ver também o verbete "comrade" no Wiktionary: <https://en.wiktionary.org/wiki/comrade>; acesso em: 26 abr. 2021.

espaço, é algo que gera proximidade, uma intensidade de sentimento e uma expectativa de solidariedade que diferencia aqueles que se encontram de um lado daqueles que se encontram do outro. A camaradagem é uma relação política de cobertura com apoios.

Interessada em "camarada" como forma de tratamento, portador de expectativas e figura de pertencimento nas tradições comunistas e socialistas, assinalo o camarada como uma figura genérica para a relação política entre aqueles que se encontram do mesmo lado de uma luta política. Camaradas são aqueles que se unem instrumentalmente em função de um propósito comum: *Se queremos vencer – e temos que vencer –, precisamos agir juntos.* Como Angela Davis descreve sua decisão de se filiar ao Partido Comunista:

> Eu queria um esteio, uma base, um ancoradouro. Precisava de camaradas com quem pudesse compartilhar uma ideologia. Estava cansada de grupos *ad hoc* efêmeros que desmoronavam diante da menor dificuldade; cansada de homens que mediam sua grandeza sexual a partir da genuflexão intelectual das mulheres. Isso não quer dizer que eu fosse destemida, mas eu sabia que, para vencer, tínhamos de lutar, e a luta vitoriosa era aquela travada coletivamente pelas massas de nosso povo e da população trabalhadora em geral. Sabia que essa luta tinha de ser liderada por um grupo, um partido com membros e estrutura mais permanentes e uma ideologia mais substancial.[5]

Camaradas são aqueles com quem você pode contar. Vocês compartilham suficientemente de uma ideologia comum, de um compromisso com princípios e objetivos comuns, para realizar mais que ações pontuais. Juntos, podem travar a longa luta.

---

[5] Angela Davis, *Angela Davis: An Autobiography* (Nova York, International Publishers, 1988), p. 187-8 [ed. bras.: *Uma autobiografia*, trad. Heci Regina Candiani, São Paulo, Boitempo, 2019, p. 186].

Como camaradas, nossas ações são voluntárias, mas nem sempre são escolhas. Camaradas precisam poder contar uns com os outros mesmo quando não gostamos uns dos outros e mesmo quando discordamos. Fazemos o que precisa ser feito porque devemos isso a nossos camaradas. Em *The Romance of American Communism* [O romance do comunismo estadunidense], Vivian Gornick reproduz as palavras de uma ex-integrante do Partido Comunista dos Estados Unidos, ou CPUSA, que odiava a rotina de sair para panfletar e vender jornais, conforme era esperado pelos quadros do partido. Mesmo assim, de acordo com ela, "Eu ia. Ia porque, se não fosse, não conseguiria olhar na cara de meus camaradas no dia seguinte. E todos nós fazíamos isso pelo mesmo motivo: éramos responsáveis uns pelos outros"[6]. Em termos psicanalíticos, podemos dizer que o camarada funciona como um ideal do eu: a referência a partir da qual os membros do partido se avaliam em termos de realizar um trabalho importante e dotado de sentido[7]. Ser responsabilizável diante de outra pessoa significa ver suas ações através dos olhos dela. Você a está decepcionando ou está fazendo um trabalho que ela respeita e admira?

Em *Crowds and Party* [Multidões e partido], apresento o bom camarada como um eu ideal, isto é, a forma como os membros do partido se imaginam[8]. Eles podem se imaginar oradores vibrantes, polemistas brilhantes, organizadores habilidosos ou militantes corajosos. Em contraste com minha discussão lá, neste livro mostro como o camarada também funciona como um ideal do eu: a perspectiva que integrantes do partido – e, muitas vezes,

---

[6] Vivian Gornick, *The Romance of American Communism* (Nova York, Basic, 1978), p. 110.

[7] Ver Slavoj Žižek, "Class Struggle or Postmodernism?", em Judith Butler, Ernesto Laclau e Slavoj Žižek (orgs.), *Contingency, Hegemony, Universality: Contemporary Dialogues on the Left* (Londres, Verso, 2000), p. 90-135 e 116-7.

[8] Jodi Dean, *Crowds and Party* (Londres, Verso, 2016), p. 189.

companheiros de jornada – têm de si mesmos. Essa perspectiva é o efeito de pertencer a um mesmo lado, o modo como esse lado age de volta sobre aqueles que se comprometeram com a luta comum. O camarada é uma figura tanto simbólica quanto imaginária, e é na dimensão simbólica do ideal do eu que me concentro aqui.

Minhas reflexões sobre o camarada como uma figura genérica para aqueles que se encontram do mesmo lado decorre de meu trabalho sobre o comunismo enquanto horizonte para a política de esquerda e meu estudo sobre o partido como a forma política necessária para essa ação política[9]. Enxergar nosso horizonte político como comunista significa destacar a luta emancipatória igualitária dos proletarizados contra a exploração capitalista – isto é, contra a determinação da vida pelas forças do mercado; pelo valor; pela divisão do trabalho (com base em sexo e raça); pelo imperialismo (teorizado por Lênin em termos da dominância do monopólio e do capital financeiro); e pelo neocolonialismo (teorizado por Nkrumah como o último estágio do imperialismo). Hoje, vemos esse horizonte em lutas como as lideradas por mulheres de cor* contra a violência policial, a supremacia branca e o assassinato e o encarceramento de pessoas negras, pardas e da classe trabalhadora. Vemos nas batalhas de infraestrutura em torno de questões como a instalação de oleodutos, justiça climática e a insalubridade de cidades sem acesso a água potável e com solo contaminado. Vemos no conjunto de lutas de reprodução social contra os processos de endividamento, execução hipotecária e privatização, e em prol de moradia, creches, educação, transporte, saúde e outros serviços básicos gratuitos e de qualidade. Vemos na

---

[9] Ver idem, *The Communist Horizon* (Londres, Verso, 2012) e *Crowds and Party*, cit.

* No contexto estadunidense, *person of colour* [pessoa de cor] é qualquer pessoa racializada, incluindo, por exemplo, indígenas. A expressão não tem conotação pejorativa e é adotada neste livro. (N. E.)

luta em curso das pessoas LGBTQ contra o assédio, a discriminação e a opressão.

Hoje, é mais que evidente que o horizonte comunista é o horizonte da luta política – não nacional, mas mundial; trata-se de um horizonte internacional. Isso fica patente no antagonismo entre os direitos dos imigrantes e refugiados e a intensificação dos nacionalismos; na necessidade de uma resposta global ao aquecimento planetário; e em movimentos anti-imperialistas, decoloniais e pela paz. Nesses exemplos, o comunismo é uma força de negatividade, a negação do presente capitalista global.

Comunismo também é o nome da alternativa positiva aos processos permanentes e cada vez mais intensos de exploração, crise e miserabilização próprios do capitalismo; é o nome de um sistema de produção baseado em atender às necessidades sociais – *de cada um segundo suas capacidades, a cada um segundo suas necessidades*, parafraseando o famoso *slogan* de Marx – de maneira coletivamente determinada e realizada pelos produtores*. Essa dimensão positiva do comunismo compreende as relações sociais, as formas como as pessoas tratam a si mesmas, aos animais, às coisas e ao mundo ao redor. Construir o comunismo implica mais que resistência e insurreição. É algo que exige organização emancipada e igualitária da vida coletiva.

---

* A formulação aparece em Karl Marx, *Crítica do Programa de Gotha* (trad. Rubens Enderle, São Paulo, Boitempo, 2012), p. 31-2: "Numa fase superior da sociedade comunista, quando tiver sido eliminada a subordinação escravizadora dos indivíduos à divisão do trabalho e, com ela, a oposição entre trabalho intelectual e manual; quando o trabalho tiver deixado de ser mero meio de vida e tiver se tornado a primeira necessidade vital; quando, juntamente com o desenvolvimento multifacetado dos indivíduos, suas forças produtivas também tiverem crescido e todas as fontes da riqueza coletiva jorrarem em abundância, apenas então o estreito horizonte jurídico burguês poderá ser plenamente superado e a sociedade poderá escrever em sua bandeira: 'De cada um segundo suas capacidades, a cada um segundo suas necessidades!'". (N. T.)

Com relação ao partido, os intelectuais da esquerda contemporânea tendem a subtraí-lo de aspirações e realizações que ele mesmo possibilitou. Filósofos comunistas que discordam quanto a uma série de questões teóricas, como Antonio Negri e Alain Badiou, convergem nesta questão organizacional: sem partido! O partido foi rejeitado como uma forma autoritária, antiquada e inadequada a uma sociedade de redes. Todos os outros modos de associação política podem ser revistos, renovados, repensados ou reimaginados, exceto o partido dos comunistas.

Essa rejeição do partido enquanto forma para a política de esquerda é um erro. Ela ignora os efeitos da associação sobre quem se engaja em uma luta comum. Deixa de aprender com as experiências cotidianas de gerações de ativistas, organizadores e revolucionários. Ela se ancora em uma noção estreita e fantasiosa do partido como uma máquina totalitária. Negligencia a coragem, o entusiasmo e as conquistas de milhões de militantes partidários ao longo de mais de um século. A rejeição à forma partido tem sido um dogmatismo de esquerda dos últimos trinta anos, e ela não nos levou a lugar algum.

Felizmente, os movimentos de rua na Grécia e na Espanha, bem como as lições dos sucessos e limites do movimento Occupy, têm deposto contra esse dogmatismo de esquerda. Eles reenergizaram o interesse pelo partido como uma forma política que pode ser escalada; uma forma flexível, adaptável e expansiva o bastante para ser mais duradoura que os momentos alegres e disruptivos das multidões nas ruas. Uma teoria do camarada contribui para essa renovação ao traçar os caminhos pelos quais o compromisso compartilhado com uma luta comum gera novas forças e novas capacidades. Para além da redução das relações partidárias às relações entre dirigentes e liderados (e contra ela), a ideia de camarada lida com os efeitos do pertencimento político sobre aqueles que se colocam do mesmo lado de uma luta política. Ao lutarmos juntos por um mundo livre de exploração, opressão e intolerância, precisamos poder confiar uns nos outros e contar uns com os outros. A palavra "camarada" dá nome a essa relação.

A relação de camaradagem refaz tanto o lugar a partir de onde se vê quanto o que é possível ver e quais possibilidades podem daí surgir. Ela permite a reavaliação do trabalho e do tempo, o que se faz e para quem se faz. O trabalho é executado para as pessoas ou para os patrões? É voluntário ou é realizado porque é preciso trabalhar? Trabalha-se para garantir provisões pessoais ou por um bem coletivo? Vale lembrar a descrição lírica que Marx fez do comunismo, em que o trabalho se torna "a primeira necessidade vital"*. Temos um vislumbre disso na camaradagem: o trabalho político é algo que se *quer* fazer. Você não quer decepcionar seus camaradas; você enxerga o valor de seu trabalho através dos olhos deles, seus novos olhos coletivos. O trabalho, determinado não por mercados, mas por compromissos compartilhados, torna-se gratificante. O militante e filósofo comunista francês Bernard Aspe discute o problema do capitalismo contemporâneo como uma perda do "tempo comum"; isto é, a perda de uma experiência de tempo gerada e desfrutada por nosso estar-junto coletivo[10]. Férias, refeições, intervalos, qualquer horário comum que tivermos está sincronizado e encerrado em formas de apropriação capitalista. Os *apps* e rastreadores do capitalismo comunicativo amplificam esse processo de tal forma que o tempo de consumo passa a ser mensurado praticamente da mesma forma que o taylorismo media o tempo de produção: quanto tempo um usuário ficou em determinado site? A pessoa assistiu a um anúncio inteiro ou clicou para fechá-lo depois de cinco segundos? Em contraste, a

---

* Karl Marx, *Crítica do Programa de Gotha*, cit., p. 31. (N. T.)

[10] Bernard Aspe, "1917/2017: Revolutions, Communist Legacies and Spectres of the Future" (apresentação, European University de São Petersburgo, 24-26 out. 2017).

ação comum que é a atualidade do movimento comunista induz uma mudança coletiva em nossas capacidades. Rompendo com as injunções do capitalismo 24/7 que ditam o imperativo de produzir e consumir para os empresários e proprietários, a disciplina da luta comum amplia as possibilidades de ação e intensifica o senso de sua necessidade. Camarada é a figura da relação por meio da qual ocorre essa transformação do trabalho e do tempo.

Como imaginamos o trabalho político? Em condições nas quais a mudança política parece completamente fora de alcance, talvez imaginemos o trabalho político como autotransformação. No mínimo, podemos trabalhar em nós mesmos. Nas redes intensamente mediadas do capitalismo comunicativo, talvez vejamos nosso engajamento nas mídias sociais como uma espécie de ativismo em que o Twitter e o Facebook funcionam como importantes trincheiras de luta. Talvez entendamos a escrita como um trabalho político importante e passemos a despejar artigos de opinião, cartas a editores e manifestos. Quando imaginamos o trabalho político, muitas vezes tomamos a política eleitoral como modelo, focando no voto, placas no portão de casa, adesivos para carros e bótons de campanha. Ou pensamos nos ativistas como aqueles que fazem campanha de porta em porta, organizam comícios e mutirões de ligações telefônicas. Em outro imaginário político, talvez tomemos o trabalho político como estudo, seja feito a sós, seja feito em conjunto com outras pessoas. Podemos imaginar o trabalho político como produção cultural, a construção de novas comunidades, espaços e formas de ver. Nosso imaginário pode ter uma inflexão militante, ou mesmo militarista: o trabalho político realizado via manifestações, ocupações, greves e piquetes; por meio de desobediência civil, ação direta e operações secretas. Embora reconheçamos a ampla variedade de atividades políticas, as formas como as pessoas as utilizam para reagir a situações e capacidades específicas e a maneira como elas se combinam para se reforçar mutuamente, talvez ainda imaginemos que o trabalho político radical equivalha a socar um nazista na cara.

Em meio a essas diversas ações e atividades, de que maneira são imaginadas as relações entre as pessoas que estão lutando de um mesmo lado? Como ativistas e organizadores, militantes e revolucionários, se relacionam entre si? Durante o tempo em que o movimento Occupy esteve em seu auge, as relações interpessoais foram muitas vezes infundidas de uma sensação alegre de estar junto, de um entusiasmo pela cocriação coletiva de novos padrões de ação e novos modos de vida[11]. Mas esse sentimento não durou. A pressão de conseguir organizar pessoas e políticas diversas em condições de repressão policial e necessidade material real desgastou até mesmo os mais comprometidos dos ativistas. Desde então, nas redes sociais e na esquerda de maneira mais ampla, as relações entre as pessoas politicamente engajadas tornaram-se tensas e conflituosas, muitas vezes em torno de questões de raça e gênero. Dispersos e desorganizados, não sabemos em quem confiar nem o que esperar. Deparamos com ordens contraditórias de autocuidado e denuncismo (*call out*). A suspeita mina o apoio. A exaustão substitui o entusiasmo.

Atentar para a camaradagem, para as maneiras pelas quais as expectativas compartilhadas não apenas possibilitam o trabalho político, como também o tornam gratificante, pode ajudar a redirecionar nossas energias à luta comum. Como o ex-militante do CPUSA David Ross explicou a Vivian Gornick:

> Eu sabia que nunca sentiria grandes paixões pelos novos movimentos como senti pelos antigos, percebi que o PC havia me proporcionado um sentimento de camaradagem que eu nunca mais teria e que, sem essa camaradagem, eu *nunca* seria político.[12]

---

[11] Astra Taylor, Keith Gessen e editores das revistas *n+1*, *Dissent*, *Triple Canopy* e *New Republic* (orgs.), *Occupy! Scenes from Occupied America* (Londres, Verso, 2011).

[12] Vivian Gornick, *The Romance of American Communism*, cit., p. 202.

Para Ross, era o Partido Comunista que fazia do marxismo o que ele era. O partido dava vida ao marxismo, lhe conferia sentido político. Vinha da camaradagem essa capacidade de dar vida. Ross continua: "A ideia de que a política seria simplesmente uma consciência difusa ligada apenas à integridade pessoal era – *ainda é* – um anátema para mim". Sua descrição da política como "uma consciência difusa ligada apenas à integridade pessoal" se encaixa bem nos meios de esquerda atuais. Talvez o remédio proposto por Ross – a camaradagem – também nos sirva.

Várias pessoas me relataram histórias de como sentiram uma onda calorosa quando foram recebidas em seus partidos como camaradas. Eu mesma também experimentei essa sensação. No livro de memórias *Incognegro: A Memoir of Exile and Apartheid* [*Incognegro: memórias de exílio e apartheid*], o teórico Frank Wilderson, ex-integrante do uMkhonto weSizwe, ou MK, o braço armado do Congresso Nacional Africano (ANC), descreve seu primeiro encontro com Chris Hani, líder do Partido Comunista Sul-Africano e chefe de gabinete do MK. Wilderson escreve: "Fiquei radiante como um garotinho quando ele me chamou de 'camarada'"[13], mas depois repreende a si mesmo por aquilo que ele chama de uma "necessidade infantil de reconhecimento"[14]. Talvez por ainda colocar Hani em um pedestal, ele se sinta exposto quando relata seu prazer diante da disrupção igualitária da camaradagem. Wilderson ainda não internalizou a ideia de que ele e Hani são politicamente iguais. "Camarada" apresenta uma promessa equalizadora, e, quando essa promessa é cumprida, deparamos com certos apegos que, embora indesejados, permanecem em nós: apegos a hierarquia, prestígio, inadequação. Aceitar a igualdade requer coragem.

---

[13] Frank B. Wilderson III, *Incognegro: A Memoir of Exile and Apartheid* (Durham, Duke University Press, 2015), p. 275.

[14] Ibidem, p. 277.

A alegria de Wilderson ao ouvir Hani chamá-lo de "camarada" contrasta fortemente com outra situação relatada em suas memórias envolvendo "camarada" como pronome de tratamento. Em 1994, pouco antes de Wilderson ser forçado a deixar a África do Sul, ele encontrou Nelson Mandela em um evento organizado pela revista *Tribute*. Depois dos comentários públicos de Mandela, Wilderson fez uma pergunta na qual se dirigia a ele como "camarada". "Não sr. Mandela. Nem *sir*, como o bajulador figurão da publicidade que fez a primeira pergunta. Camarada Mandela. Isso devolveu a ele o traje de militante do qual ele havia se desvencilhado desde o dia em que saíra da prisão."[15] A lembrança de Wilderson mostra como a insistência equalizadora do camarada pode ser agressiva, uma imposição de disciplina. Isso faz parte de seu poder. Dirigir-se a uma pessoa como "camarada" a faz lembrar que se espera algo dela.

Disciplina e alegria são duas faces da mesma moeda, dois aspectos da camaradagem como forma de pertencimento político. Como forma de tratamento, figura de relação política e portador de expectativas, "camarada" rompe as identificações hierárquicas de sexo, raça e classe da sociedade capitalista. Insiste no caráter igualador da condição comum daqueles que se encontram do mesmo lado de uma luta política e transforma essa condição comum igualadora em algo capaz de produzir novos modos de trabalho e pertencimento. Assim, camarada é um portador de anseios utópicos, conforme teorizou Kathi Weeks. Weeks apresenta a forma utópica como algo que realiza uma dupla função: "Uma função é alterar nossa conexão com o presente, enquanto a outra é mudar nossa relação com o futuro; uma gera estranhamento, a outra produz esperança"[16]. A primeira função mobiliza a negatividade da

---

[15] Ibidem, p. 464.

[16] Kathi Weeks, *The Problem with Work: Feminism, Marxism, Antiwork Politics, and Postwork Imaginaries* (Durham, Duke University Press, 2011), p. 204-5.

desidentificação e do desinvestimento. As relações atuais tornam-se estranhas, passam a pesar menos em nosso senso de possibilidade. A segunda função reconduz "nossa atenção e nossas energias a um futuro aberto [...] fornecendo uma visão ou um vislumbre de um mundo melhor"[17]. O poder de "camarada" está na forma como o termo nega as velhas relações e promete novas – a própria promessa já as introduz, acolhendo o novo camarada em relações que são irredutíveis a seu contexto mais amplo.

Sobreviventes e sistemas

Este livro oferece uma teoria do camarada enquanto figura para a relação política entre aqueles que se encontram do mesmo lado. Ela contrasta com duas tendências contrapostas dominantes na teoria e no ativismo contemporâneos de esquerda, tendências que enfatizam sobreviventes e sistemas. A ênfase em sobreviventes aparece nas mídias sociais, em ambientes acadêmicos e em certas redes de ativistas. Ela é expressa por um intenso apego à identidade e fortes apelos à noção de aliado, como veremos. A ênfase em sistemas predomina em espaços estéticos e conceituais na forma de uma preocupação pós-humana com geologia, extinção, algoritmos, "hiperobjetos", biossistemas e exaustão planetária[18]. Então, de um lado, temos sobreviventes, aqueles sem nada a recorrer a não ser suas identidades, muitas vezes forjadas por meio de lutas por sobrevivência e ligadas à dor e aos traumas dessas lutas[19]. Do outro lado, temos sistemas, processos

---

[17] Ibidem, p. 206.

[18] Timothy Morton, *Hyperobjects: Philosophy and Ecology after the End of the World* (Minneapolis, University of Minnesota Press, 2013).

[19] Wendy Brown, "Wounded Attachments", *Political Theory*, v. 21, n. 3, ago. 1993, p. 390-410. Ver também a crítica de Robin D. G. Kelley à adoção, por ativistas estudantis negros, da linguagem do trauma pessoal: Robin D. G. Kelley, "Black Study, Black Struggle", *Boston Review*, 7 mar. 2016. Disponível em:

operando em uma escala tão vasta, tão complexa, que mal somos capazes de concebê-los, muito menos de afetá-los[20]. Este livro apresenta uma alternativa a ambos.

Essas duas tendências correspondem ao desmantelamento das instituições sociais levado a cabo pelo capitalismo neoliberal e à intensificação do capitalismo por meio de mídias digitais personalizadas em rede e informatização em um processo que denomino "capitalismo comunicativo". Mais e mais pessoas estão experimentando cada vez mais incerteza econômica, insegurança e instabilidade. Bons empregos são mais difíceis de encontrar e mais fáceis de perder. Cada vez menos pessoas podem contar com um trabalho de longo prazo ou esperar que benefícios como um plano de saúde de qualidade e uma previdência adequada para aposentadoria façam parte de sua remuneração. Os sindicatos estão menores e mais fracos. Os salários entraram em estagnação. Não há moradia digna e a preços acessíveis. Escolas e universidades enfrentam reduções orçamentárias, cortes nos quadros docentes, acréscimo de administradores e alunos, elevações astronômicas nas taxas e mensalidades, mais dívidas e menos respeito. Golpeadas por concorrência, dívidas e o desmantelamento geral do pouco que restava dos apoios públicos e infraestruturais, as famílias desmoronam. De acordo com a ideologia neoliberal, essa é uma situação na qual os indivíduos têm mais poder de escolha e mais oportunidades de exercer sua responsabilidade pessoal[21].

<http://bostonreview.net/forum/robin-d-g-kelley-black-study-black-struggle>; acesso em: 28 abr. 2021.

[20] Jodi Dean, "The Anamorphic Politics of Climate Change", *e-flux*, n. 69, jan. 2016. Disponível em: <https://www.e-flux.com/journal/69/60586/the-anamor phic-politics-of-climate-change/>; acesso em: 28 abr. 2021.

[21] Idem, "Communicative Capitalism: Circulation and the Foreclosure of Politics", *Cultural Politics*, v. 1, n. 1, 2005, p. 51-74.

34 | Camarada

É famosa a descrição de Carl Schmitt do liberalismo como doutrina que substitui política por ética e economia[22]. De modo análogo, devemos atinar com o deslocamento sofrido pela política que é próprio do neoliberalismo. Há autocultivo, autogestão, autodependência e autoabsorção individualizados e, ao mesmo tempo, processos, circuitos e sistemas impessoais de determinação. Temos indivíduos responsáveis, indivíduos que são responsibilizados, tratados como *loci* de escolhas e decisões autônomas, e temos indivíduos que deparam com situações determinantes e que se encontram absolutamente fora de seu controle. Em vez de ética e economia, o deslocamento da política operado pelo neoliberalismo manifesta-se na oposição entre sobreviventes e sistemas. Os primeiros lutam para sobreviver em condições avessas à vida, em vez de agarrar e transformar tais condições. Os últimos são sistemas e "hiperobjetos" que nos determinam, objetos muitas vezes estéticos ou de uma estética futura, coisas para visualizar, diagramar, prever e talvez até lamentar, mas não sobre as quais possamos exercer algum efeito[23].

Os sobreviventes experimentam sua vulnerabilidade. Alguns passam inclusive a valorizá-la e a nutri-la, a derivar seu senso de eu da capacidade de sobreviver contra todas as condições adversas. A socióloga Jennifer Silva entrevistou uma série de jovens adultos da classe trabalhadora em Massachusetts e na

---

[22] Carl Schmitt, *The Concept of the Political* (ed. ampliada, trad. George Schwab, Chicago, University of Chicago Press, 2007) [ed. bras.: *O conceito do político/ Teoria do partisan*, trad. Geraldo de Carvalho, Belo Horizonte, Del Rey, 2009]. Todos os trechos da obra citados neste livro são traduções livres.

[23] Além de Timothy Morton, *Hyperobjects*, cit., ver Benjamin Bratton, "Some Trace Effects of the Post-Anthropocene: On Accelerationist Geopolitical Aesthetics", *e-flux*, n. 46, jun. 2013. Disponível em: <https://www.e-flux.com/journal/46/60076/some-trace-effects-of-the-post-anthropocene-on-acceleratio nist-geopolitical-aesthetics/>; acesso em: 28 abr. 2021.

Virgínia[24]. Muitos fizeram questão de enfatizar sua autossuficiência. E o fizeram, em parte, porque sua experiência dizia que outras pessoas provavelmente continuariam a deixá-los na mão ou a traí-los. Para sobreviver, só podiam contar consigo mesmos. Algumas das pessoas relataram batalhas contra doenças e vícios, além de desafios para superar famílias disfuncionais e relacionamentos abusivos. Para elas, a luta para sobreviver é uma característica-chave de uma identidade imaginada como dignificada e heroica porque precisa produzir a si mesma, por conta própria.

Os registros que temos dos sistemas são tipicamente desprovidos de sobreviventes[25]. As vidas humanas não importam. A presunção de que elas importam é tomada como falha epistemológica ou crime ontológico a ser corrigido. Bactérias e rochas, processos planetários ou mesmo galácticos são o que deve ser levado em conta, ou o que deve ser introduzido a fim de reconduzir o pensamento para além da arrogância da posição antropocêntrica. Quando as pessoas aparecem, elas são o problema, um excesso planetário a ser contido, uma espécie destrutiva fora de controle, o defeito da vida.

A oposição entre sobreviventes e sistemas nos proporciona uma esquerda desprovida de política. Ambas as tendências fazem que a luta de classes – a disputa divisiva em torno de condições comuns em nome de um futuro igualitário emancipatório – se torne ininteligível. No lugar da luta política dos proletarizados, temos a afirmação fragmentadora da particularidade, da

---

[24] Jennifer M. Silva, *Coming Up Short: Working-Class Adulthood in an Age of Uncertainty* (Nova York, Oxford University Press, 2013).

[25] Tenho em mente aqui investigações focadas em extinção, algoritmos, pós--humanismo e dimensão planetária. Ver, por exemplo, as contribuições em Richard Grusin (org.), *After Extinction* (Minneapolis, University of Minnesota Press, 2018).

36 | Camarada

sobrevivência única, e uma obsessão com a impossibilidade esmagadora e inevitável da sobrevivência. No impasse da capacidade individualizada de sobreviver sob condições generalizadas de não sobrevivência, de extinção, apaga-se a política.

Por mais fortes que sejam as tendências de sobreviventes e sistemas no interior da esquerda contemporânea, nosso contexto atual ainda permite aberturas para a política. Elenco quatro delas. Primeiro, o capitalismo comunicativo é marcado pelo poder dos muitos, da quantidade. O poder capitalista e estatal enfatiza o *big data* e o conhecimento gerado na identificação de correlações em enormes conjuntos de dados. As mídias sociais são movidas pelo poder da quantidade: quantos amigos e seguidores, quantos compartilhamentos e retuítes. Nas ruas e nos movimentos, vemos essa mesma ênfase na quantidade: os muitos que estão protestando, se manifestando, ocupando, fazendo piquete. Como demonstrou mais de um século de luta da classe trabalhadora, o poder das pessoas está em afirmar o poder que os muitos têm sobre os poucos – isso se as pessoas forem capazes de se organizar e se unir o bastante para travar a luta. Há uma segunda abertura no fato de a identidade estar perdendo sua capacidade de fundamentar uma política de esquerda. Nenhuma conclusão política se segue da afirmação de uma identidade específica. Na esquerda, atribuições de identidade são imediatamente complexificadas, criticadas e mesmo rejeitadas à medida que ativistas articulam pontos em comum entre lutas. O avanço dos nacionalismos ao redor do mundo sugere que hoje talvez seja mais provável que o apelo à identidade ocorra no polo da direita no espectro político. Mais uma vez, a direita repete sua antiga tática de se apropriar de temas e programas de esquerda, apresentando agora uma política identitária própria: supremacia branca nos Estados Unidos, Brexit no Reino Unido, nacionalismo hindu e a autodeclaração de Israel como Estado-nação do povo judeu são apenas alguns exemplos disso. A terceira abertura diz respeito ao aumento astronômico das demandas por nossa atenção atualmente circulando no capitalismo comunicativo, para as quais surgiram uma série de atalhos comunicativos: *hashtags*, memes, emojis e GIFs, bem como padrões linguísticos otimizados para mecanismos de busca (listas, perguntas, indicadores, ganchos e iscas)[26]. Esses atalhos apontam para a proeminência de marcadores genéricos – imagens e símbolos comuns que facilitam o fluxo comunicativo, garantindo uma circulação fluida. Se tivéssemos que ler (para não dizer "pensar a respeito de") tudo o que compartilhamos na internet, nossas redes sociais ficariam mais lentas e começariam a travar. Nessa situação, o genérico serve como recipiente para multiplicidades de conteúdos incomunicáveis. Símbolos comuns proporcionam novas conexões entre lutas; nomes comuns fazem com que pessoas compreendam suas questões locais como instâncias de algo maior, algo global. Na quarta abertura, os próprios movimentos esbarram nos limites da horizontalidade, da individualidade e da retórica da noção de aliado que pressupõe identidades e interesses fixos. A resposta tem sido um interesse renovado na política dos partidos e nas questões da forma partido, uma ênfase revigorada na organização dos muitos proletarizados. Uma nova guinada em direção aos arranjos dos muitos, às instituições do comum e às lutas dos explorados atravessa e transcende o impasse entre sobrevivente e sistema[27].

---

[26] Jodi Dean, "Faces as Commons: The Secondary Visuality of Communicative Capitalism", *Open! Platform for Art, Culture, and the Public Domain*, 31 dez. 2016. Disponível em: <http://onlineopen.org/download.php?id=538>; acesso em: 28 abr. 2021.

[27] Not An Alternative, "Institutional Liberation", *e-flux*, n. 77, nov. 2016. Disponível em: <https://www.e-flux.com/journal/77/76215/institutional-liberation/>; acesso em: 28 abr. 2021; Jonas Staal, "Assemblism", *e-flux*, n. 80, mar. 2017. Disponível em: <https://www.e-flux.com/journal/80/100465/assemblism/>; acesso em: 28 abr. 2021.

É nesse contexto que apresento uma teoria do camarada. "Camarada" figura uma relação política que nos afasta das preocupações com sobreviventes e sistemas, nos aparta das suposições de particularidades únicas e da impossibilidade da política e nos aproxima da condição comum daqueles que lutam do mesmo lado. "Camarada" traz à tona as demandas depositadas sobre aqueles engajados em uma luta política igualitária emancipatória, bem como suas expectativas. A camaradagem engendra disciplina, alegria, coragem e entusiasmo, conforme exploro no terceiro capítulo. Se a esquerda é mesmo tão comprometida com a transformação radical como alegamos que ela é, precisamos ser camaradas.

De aliados a camaradas

Para alguns leitores contemporâneos, referir-se a alguém como camarada pode soar estranho e inapropriado. Nos Estados Unidos, talvez o termo seja demasiado incomum aos olhos de nossa cultura política. Na Europa, o termo pode parecer meio stalinista, muito velha guarda ou mesmo restritivo demais. Termos como "colega", que implicam menos comprometimento e se encaixam com mais facilidade no contexto da União Europeia, talvez sejam mais comumente empregados e soem mais confortáveis. Tais visões não são completamente desprovidas de sentido.

A hesitação estadunidense, contudo, ignora a história do socialismo e do comunismo no país. E é preciso vincular a desconfiança mais ampla à derrota da União Soviética, ao intenso processo de neoliberalização e ao culto à identidade individual próprio da ideologia capitalista. Em um contexto teorizado como pós-político e pós-democrático, o pessoal – aquilo que o indivíduo experimenta, sente e arrisca – se converteu no local privilegiado de engajamento político. Não é algo surpreendente, dada a submissão (operada pelo neoliberalismo) das práticas e das instituições públicas e políticas às demandas do mercado. Mas o que a esquerda reivindicou como vitória é, na verdade, sintoma de sua derrota: a erosão do poder político da classe trabalhadora e a subsequente corrosão de seus partidos políticos. A alegação de que o termo "camarada" não soa verdadeiro é, portanto, mais sintomática que propriamente descritiva. Ela atesta uma situação que precisa ser transformada, um problema que precisa ser resolvido e uma organização que precisa ser construída.

Quando a identidade é tudo o que sobra, agarrar-se a ela pode de fato ser uma resposta razoável. No mínimo – e contrariando todas as estatísticas –, sobrevive-se. Mas, como Silva descobriu em suas entrevistas com membros da classe trabalhadora, as pessoas podem se apegar tanto a sua identidade como sobreviventes a ponto de lhes faltar a capacidade de criticar e enfrentar as condições sob as quais elas são forçadas a travar sua luta. Uma vez que essas condições, em geral as do capitalismo patriarcal racializado, são dadas como certas, sejam elas consideradas contingentes ou imutáveis, a própria sobrevivência aparece como a verdadeira conquista política[28]. O apego à identidade não deixa, contudo, de ser patológico. Trata-se de um apego a uma fantasia de plenitude ou certeza, à ilusão daquele lugar puro capaz de garantir que estamos certos, que estamos do lado dos anjos. A fantasia oculta a realidade de que as próprias identidades são locais cindidos, terrenos em disputa na luta de classes. O fato de alguém se identificar como mulher, negro, trans ou sobrevivente não nos diz nada a respeito de sua política.

---

[28] Isso talvez explique a popularidade do *slogan* "*Nevertheless, she persisted*" [E, mesmo assim, ela persistiu] entre as feministas brancas estadunidenses depois que a então senadora Elizabeth Warren foi interrompida e reprimida por criticar o histórico de direitos civis do senador Jeff Sessions durante as audiências do Senado para a confirmação dele como procurador-geral dos Estados Unidos. E, ainda assim, ele foi confirmado.

40 | Camarada

Que as identidades sejam locais de luta em vez de fundamentos para a luta fica evidente quando consideramos a noção de aliado. Apesar de sua associação com nações soberanas envolvidas em alianças de guerra, o termo "aliado" tornou-se influente nos círculos ativistas de esquerda dos Estados Unidos. Nos últimos cinco anos (pelo menos), tem havido intensa discussão nas redes sociais e nos *campi* universitários, bem como entre coordenadores comunitários, sobre o que significa ser aliado e quem pode ser aliado. Geralmente, os aliados são pessoas privilegiadas que querem agir contra a opressão. Eles podem não se considerar sobreviventes ou vítimas, mas querem ajudar. Assim, os aliados podem ser heterossexuais que defendem pessoas LGBTQ, pessoas brancas que apoiam pessoas negras e pardas, homens que defendem mulheres, e assim por diante. Ainda estou para ver o termo sendo usado para se referir a ricos engajados na luta da classe trabalhadora. Os aliados não querem se imaginar como homofóbicos, racistas ou machistas. Eles se veem como os mocinhos, como parte da solução.

Como costuma se enfatizar em debates sobre aliados, dizer-se aliado não basta para fazer de alguém aliado. Ser aliado é um processo que requer tempo e esforço. As pessoas precisam trabalhar nesse sentido. Ser aliado não é uma identidade. Muito do trabalho escrito e audiovisual sobre aliados é, por isso mesmo, material didático e instrutivo. Costuma assumir a forma de guias práticos ou listas de dicas: como ser um aliado, o que fazer, o que não fazer, e assim por diante. Assim como os livros para organizar a vida ou as dicas para uma alimentação saudável, as instruções para ser um bom aliado são minimanuais de estilo de vida, técnicas para navegar no ambiente neoliberal de privilégio e opressão. Os indivíduos podem aprender o que não dizer e o que evitar fazer. Podem se sentir engajados, mudando seus sentimentos – se não o mundo –, sem tomar o poder, sem se engajar em nenhuma luta política organizada. A "política" nesses manuais de aliados é feita de interações interpessoais, sentimentos individualizados e afetos mediados.

Os materiais sobre como ser um bom aliado que circulam on-line (como postagens de blogs, vídeos, editoriais e textos lidos em cursos ou universidades) dirigem-se ao espectador ou leitor como indivíduo dotado de uma identidade privilegiada que deseja operar em solidariedade com gente marginalizada e oprimida. Como detalho a seguir, esse aliado em potencial está posicionado como alguém que quer saber o que ele pode fazer agora, por conta própria e no cotidiano, para combater o racismo, o machismo, a homofobia e outras formas de opressão. O campo de atuação do aliado é muitas vezes imaginado como o das mídias sociais (saber a maneira correta de responder a comentários racistas ou homofóbicos no Twitter, por exemplo); o da contribuição caridosa (fazer doações e criar vaquinhas/campanhas virtuais); o das interações profissionais (contratar e promover indivíduos marginalizados e oprimidos); o das conversas nos espaços escolares ou universitários (saber o que não dizer); e, às vezes, o dos protestos de rua (não dominar a manifestação protagonizada por outras pessoas). Ainda mais frequentemente, a própria disposição, atitude e comportamento individuais do aliado constituem o possível campo de ação. O guia prático instrui os aliados sobre como sentir, pensar e agir se querem se considerar pessoas que estão do lado dos oprimidos. É a consciência deles que precisa mudar.

Por exemplo, como nos explica o "Guide to Allyship" [Guia do aliado], de código aberto, criado em 2016 por Amelie Lamont, que se identifica como mulher negra cis e sofreu traição por parte de um aliado branco que não a apoiou em um confronto com um racista: "Ser aliado é: assumir a luta como se fosse sua. Se posicionar, mesmo quando estiver com medo.

42 | Camarada

Transferir os benefícios de seu privilégio para aqueles que não o possuem. Reconhecer que, embora você também sinta dor, a conversa não é sobre você"[29].

Aqui, ser aliado é uma questão do eu, do que o eu reconhece, do indivíduo que se encontra sozinho e desse indivíduo isolado assumindo uma luta que pertence a outra pessoa. É como se as lutas fossem posses – artefatos que os indivíduos assumem, arrogam e incorporam –, enquanto se pede que vejam essas aquisições como algo a que eles, na condição de aliados, não têm direito. Ao mesmo tempo, exatamente no que consiste a luta, a política, é algo que permanece obscuro, não dito, uma questão de sentimento, atitude ou grau de conforto do indivíduo.

Vejamos outro exemplo: uma postagem do *BuzzFeed* intitulada "How to Be a Better Ally: An Open Letter to White Folks" [Como ser um aliado melhor: uma carta aberta às pessoas brancas]. O texto é extraído de uma carta enviada por uma produtora da série de vídeos do *BuzzFeed* "Another Round" [Mais uma rodada], em resposta à pergunta de uma pessoa branca sobre ser um aliado.

> Você já teve com um homem feminista uma conversa que precisou acabar porque ele começou a reclamar de como as feministas usam uma linguagem que exclui os homens, mesmo os homens feministas? ("Nem todo homem…") Eu já! Ser um bom aliado geralmente significa não ser incluído na conversa, porque a conversa não é sobre você. Faz bem ouvir. Se você se sente desconfortável e excluído por ser branco, você tem que saber bancar esses sentimentos.[30]

---

[29] "Guide to Allyship". Disponível em: <https://guidetoallyship.com/>; acesso em: 28 abr. 2021.

[30] Another Round, Tracy Clayton e Heben Nigatu, "How to Be a Better Ally: An Open Letter to White Folks", *BuzzFeed News*, 30 dez. 2015. Disponível em: <https://www.buzzfeednews.com/article/anotherround/how-to-be-a-better-ally-an-open-letter-to-white-folks>; acesso em: 28 abr. 2021.

Mais uma vez, ser aliado é uma disposição de conduta, um confronto não com o Estado nem com o poder capitalista, mas com o próprio desconforto. Ser aliado é trabalhar para cultivar em si hábitos adequados de escuta, descentrar a si mesmo, dar licença e tomar consciência da vida e das experiências dos outros.

O ensaio de Karolina Szczur "Fundamentals of Effective Allyship" [Fundamentos de uma prática eficaz de aliado], originalmente apresentado como uma palestra na Tech Inclusion Melbourne, caracteriza o aliado em termos da intensidade dos sentimentos e do fato de ele estar disposto a realizar o necessário autotrabalho.

> É nossa responsabilidade reconhecer e identificar o privilégio que temos e agir de acordo com ele. Uma das maneiras de fazer isso é comprometer-se com um ato contínuo de introspecção, reflexão e aprendizagem. Você se sentirá desafiado, desconfortável, até mesmo na defensiva, mas, quanto mais intensos forem esses sentimentos, mais provável é que você esteja no caminho certo.[31]

Agir com base no próprio privilégio aparece aqui como um ato interior, um ato do eu sobre si mesmo. A política de alguém pode estar apenas dentro de sua cabeça. O aliado é imaginário, não simbólico; um eu ideal, uma versão idealizada de quem queremos ser, em vez de um ideal do eu, uma perspectiva a partir da qual nos avaliamos. Nesse sentido, a noção de aliado reflete o encolhimento ou o declínio do político. O espaço para a política diminui, mas o aliado sente necessidade de agir, desesperadamente, intensamente, imediatamente. Ele atua a partir e no interior daquilo que está disponível: as mídias sociais e si mesmo.

---

[31] Karolina Szczur, "Fundamentals of Effective Allyship", *Medium*, 12 fev. 2018. Disponível em: <https://medium.com/@fox/fundamentals-of-effective-allyship-468bd0afe89b>; acesso em: 28 abr. 2021.

O processo de tomada de consciência reitera uma ordem fundamental do capitalismo comunicativo: Vá se educar. Dê um Google. Não pergunte aos oprimidos nem os sobrecarregue. A revista on-line *Everyday Feminism* fornece uma lista de dez coisas que os aliados precisam saber. O quinto item da lista, "Aliados se educam constantemente", explica o seguinte:

> Um dos tipos de educação mais importantes é a escuta [...] mas há infindáveis recursos (livros, blogs, veículos de comunicação, palestrantes, vídeos de YouTube etc.) para lhe ajudar a aprender. *O que você não deve fazer, contudo, é esperar que aqueles com os quais você deseja se aliar lhe ensinem.* Essa não é a responsabilidade deles. Claro, escute quando eles decidirem passar algum conhecimento ou transmitir determinada perspectiva, mas não se dirija a eles na expectativa de que lhe expliquem sobre a opressão deles.[32]

O processo de educar-se é isolador, individualizante. O modelo de aprendizagem é o do consumo de informações; não se trata de um processo de discussão, de chegar a um entendimento comum, nem de estudar os textos e os documentos de uma tradição política. Educar-se é algo desvinculado de uma prática crítica coletiva, desvinculado de posições ou objetivos políticos. Estão ausentes critérios a partir dos quais se podem avaliar livros, blogs, palestrantes e vídeos. Cabe ao aliado individual descobrir tudo isso por conta própria. Com efeito, há punição sem disciplina. O suposto aliado pode ser repreendido e constrangido, mesmo que o repreensor seja dispensado de qualquer responsabilidade de fornecer orientação e treinamento concretos (sejamos honestos, mandar alguém "dar um Google" é um gesto vazio). Assim que

---

[32] Jamie Utt, "So You Call Yourself an Ally: 10 Things All 'Allies' Need to Know", *Everyday Feminism*, 8 nov. 2013. Disponível em: <https://everyday feminism.com/2013/11/things-allies-need-to-know/>; acesso em: 28 abr. 2021. Itálicos do original.

lembramos que "aliado" não é um pronome de tratamento – não substitui "sr.", "sra." "dr." ou "professora" –, entendemos que o termo parece servir mais para designar um limite, indicando que você nunca será um de nós, que para ensejar solidariedade. A relação entre os aliados e aqueles dos quais, ou para os quais, eles são aliados é uma relação entre pessoas com interesses, experiências e práticas distintas.

O oitavo item da lista de coisas que os aliados precisam saber é o seguinte: "Aliados concentram-se naqueles que compartilham sua identidade". "Além de escutar, *possivelmente a coisa mais importante que posso fazer para agir em solidariedade é engajar aqueles que compartilham minha identidade.*"[33] As identidades aparecem como fenômenos evidentes, fixos, inequívocos e imutáveis. Os indivíduos são como pequenos Estados soberanos, defendendo seus territórios e unindo-se apenas sob os termos mais cautelosos e egoístas. Parte-se do pressuposto de que quem compartilha uma identidade automaticamente compartilha também uma política, como se a identidade fosse óbvia, e a política não precisasse ser construída. Aqueles que querem levar adiante uma política diferente da ancorada naquilo que pode ser mais facilmente atribuído a sua identidade são tratados com suspeita, submetidos a desconfiança por seu suposto privilégio e criticados de antemão pela série de erros que mantêm esse privilégio. Os próprios termos da noção de aliado reforçam a desconfiança que os guias de como ser melhor se propõem a abordar: faz sentido desconfiar de pessoas que enxergam a política como uma gratificação imediata, como uma resposta rápida e individualizada para longas histórias de opressão estrutural. Uma vez que os aliados se unem em termos de interesse próprio, eles podem facilmente se retirar, cair fora e nos decepcionar. Não dá para ter certeza de seu grau de compromisso, pois

---

[33] Idem. No original, os grifos aparecem em negrito.

depende de seus sentimentos e seu conforto individuais. O item oito do artigo ("Aliados concentram-se naqueles que compartilham sua identidade") nos explica por que a noção de aliado tem tamanha influência nos círculos progressistas: a desconfiança de outras identidades torna-se funcional e gratificante em nome de uma política que mantém e policia a identidade, nossa coisinha especial e vulnerável, reforçando suas fronteiras fracas e porosas. A noção de aliado desvia a atenção do temível desafio de ter de escolher um lado, de aceitar a disciplina que vem junto com o trabalho coletivo e da organização para abolir o capitalismo racial patriarcal e o Estado projetado para garanti-lo.

Assim, em vez de estabelecer pontes entre identidades políticas ou articular uma política que se movimente para além da identidade, a noção de aliado é um sintoma do deslocamento da política para as técnicas individualistas de autoajuda e o moralismo das redes sociais próprio do capitalismo comunicativo. A visão por trás disso é a de indivíduos autocentrados, da noção de política como posse, da transformação reduzida a uma mudança de atitude e de uma esfera fixa e naturalizada de privilégio e opressão. Ancorada em uma perspectiva da identidade como vetor primário da política, a ênfase nos aliados desvia a atenção das questões estratégicas organizacionais e táticas ao concentrar-se em testes prévios de fidelidade de conduta que, de partida, bloqueiam a coletividade necessária para a política revolucionária de esquerda. É evidente que a esquerda precisa de aliados. Às vezes, é necessário estabelecer alianças temporárias para avançar. Uma luta que tem como horizonte o comunismo envolverá uma série de alianças táticas entre diferentes classes, setores e tendências. Mas aliados provisórios focados em seus próprios interesses não equivalem a camaradas – embora eles possam, sim, se tornar camaradas. Minha crítica do aliado como sintoma e limite da política identitária contemporânea não deve, portanto, ser tomada como uma rejeição a toda e qualquer prática de aliança no decurso da luta política. Isso seria tolice. Estou rejeitando a noção de aliado como forma e modelo para lutas contra opressão, miséria, expropriação e exploração.

O capitalismo comunicativo impõe o imperativo de ser único. Ele exige que sejamos nós mesmos, que nos expressemos, que façamos por conta própria. Conformar-se, copiar e permitir que outra pessoa fale por nós são atitudes reprováveis, que denotam fraqueza, ignorância ou falta de liberdade. A impossibilidade de uma política individual, o fato de que a transformação política é sempre e somente coletiva, é suprimida, deslocada pela vaga convicção de que seríamos determinados por sistemas e forças que estão muito além de nossa capacidade de afetá-los. O clima muda. Nós, não.

Se reconhecermos que o apego à identidade individual é a forma de nossa incapacidade política, poderemos adquirir novas capacidades de ação, as capacidades coletivas de quem está do mesmo lado de uma luta. Poderemos nos tornar mais que aliados preocupados em defender nossa própria identidade individual e dar lições aos outros sobre o que eles devem fazer para nos ajudar nessa defesa. Poderemos nos tornar camaradas lutando juntos para mudar o mundo. Concordo, portanto, com o lembrete crucial de Mark Fisher: "Precisamos aprender, ou reaprender, a construir a camaradagem e a solidariedade, em vez de ficar fazendo o próprio trabalho do capital por ele, condenando uns aos outros, abusando uns dos outros"[34].

Onde o aliado é hierárquico, específico e aquiescente, o camarada é igualitário, genérico e utópico. São as dimensões

---

[34] Mark Fisher, "Exiting the Vampire Castle", *openDemocracy*, 24 nov. 2013. Disponível em: <https://www.opendemocracy.net/en/opendemocracyuk/exiting-vampire-castle/>; acesso em: 28 abr. 2021.

48 | Camarada

igualitárias e genéricas do camarada que o tornam utópico, que permitem à relação entre camaradas romper as determinações do cotidiano (que é outra forma de dizer "relações sociais capitalistas"). No próximo capítulo abordo possíveis objeções a essa ideia de camarada genérico. Meus exemplos ali e ao longo do livro vêm em grande parte, mas não exclusivamente, do Partido Comunista dos Estados Unidos. Dado que existiram partidos e organizações comunistas em quase todos os países do mundo, os exemplos poderiam ter vindo de quase qualquer lugar. A maioria dos partidos deparou com problemas semelhantes em um momento ou outro. Uso exemplos dos Estados Unidos porque eles demonstram como até mesmo essa cultura política de Guerra Fria, intensamente individualista, capitalista e racista, foi capaz de produzir um modo de pertencimento político que serve como alternativa à noção de aliado. Meu objetivo é trazer à tona outra história possível, uma história feita por camaradas em circunstâncias internamente cindidas e aparentemente distantes da revolução – circunstâncias não muito diferentes das nossas.

2

O CAMARADA GENÉRICO

Dada a atual intensidade da politização das identidades, em especial no Norte global, pode surgir o receio de que a figura do camarada exclua sexo e raça e de que incorpore um imaginário masculino branco. Este capítulo responde a essas preocupações defendendo o poder da ideia de camarada sob condições de capitalismo racial patriarcal. Meu método é especulativo-compositivo. Não forneço uma história linear nem uma crítica detalhada dos vários socialismos realmente existentes. Em vez disso, extraio exemplos de seus contextos, resgatando-os para as lutas do presente por outro futuro. Em vez de continuarmos presos às ruínas do comunismo, podemos vasculhá-las em busca de esperanças passadas e antigas lições e valer-nos desses escombros à medida que nos organizamos e nos empenhamos em uma nova construção.

Camarada mulher

Começo com a objeção masculina. Embora surja com frequência em minhas palestras públicas, o receio de que "camarada" se refira a um homem soa estranho. Eu imediatamente penso: Rosa Luxemburgo, Angela Davis, Aleksandra Kollontai, Claudia Jones, Clara Zetkin, Sylvia Pankhurst, Dolores Ibárruri, Zhang Qinqiu, Marta Harnecker, Grace Lee Boggs, Leila Khaled, Luciana Castellina, Tamara Bunke. Ao menos alguns desses nomes certamente soarão familiares. São mulheres e são camaradas. Em seu clássico *Mulheres, raça e classe*, Angela Davis elenca algumas das militantes envolvidas no Partido Comunista dos Estados Unidos (CPUSA) em seus primeiros anos: "'Mother' [Mãe] Ella Reeve Bloor, Anita Whitney, Margaret Prevey, Kate Sadler Greenhalgh, Rose Pastor Stokes e Jeanette Pearl"[1].

Se a figura do camarada não é primaria ou constitutivamente masculina – sendo antes genérica, uma forma de relações políticas entre aqueles que se encontram de um mesmo lado que se abstrai de identidades socialmente dadas ou naturalizadas, uma vez que postula um campo comum de igualdade e pertencimento –, então a melhor forma de fazer sua defesa talvez seja não recorrendo a nomes próprios. O nome próprio perde o elemento de relacionalidade que é crucial para o camarada. Uma resposta melhor à ideia de que "camarada" seria masculino, ao receio de que "camarada" no fundo não abstraia das identidades socialmente dadas, poderia ser invocar as massas de mulheres em todo o mundo que fizeram parte da luta comunista armada – e, óbvio, aquelas que continuam engajadas nessa luta, como nas Filipinas e na Índia, conforme descreve Arundhati Roy em seu livro *Walking with the Comrades* [Andando com os camaradas]. Ou, quem sabe, o argumento contra uma redução masculinista do camarada não convença de vez quando nos lembramos da vasta gama de grupos e eventos criados no século XX para mobilizar mulheres indispensáveis ao meio comunista mundial, as inúmeras comissões, comitês, conferências e publicações que visavam a organizar as mulheres. Por exemplo, a Primeira Conferência Internacional de Mulheres Socialistas ocorreu em 1907. Aleksandra Kollontai relata que o principal tema dessa conferência enérgica e animada foi o sufrágio para as trabalhadoras,

---

[1] Angela Davis, *Women, Race and Class* (Nova York, Vintage, 1983), p. 150 [ed. bras.: *Mulheres, raça e classe*, trad. Heci Regina Candiani, São Paulo, Boitempo, 2016, p. 156].

pauta que ela defendeu. Em contraste, a delegação das camaradas alemãs propôs que a reivindicação "sem distinção de sexo" se tornasse parte da abordagem geral social-democrata ao sufrágio universal, direito pelo qual os homens da classe trabalhadora na Europa ainda lutavam. A demanda foi polêmica. Kollontai observa que "a consciência da importância de direitos políticos plenos e iguais para as trabalhadoras em nome dos interesses da classe como um todo ainda não criou raízes firmes"[2]. Assim, acordos oportunistas podiam abrir mão do sufrágio das operárias em prol do sufrágio universal masculino (em detrimento da unidade de classe e do poder eleitoral mais amplo da classe trabalhadora) ou, como ocorria no movimento sufragista feminino inglês, a ampla defesa dos interesses das mulheres podia perder de vista a luta de classes. Os socialistas, argumentou Kollontai, precisavam trabalhar pelo sufrágio das trabalhadoras, seguros de que garantir o direito das mulheres ao voto ajudaria os homens trabalhadores e todas as mulheres.

Em uma conversa com Clara Zetkin, Lênin insistiu que as mulheres eram camaradas, embora rejeitasse a ideia de que o próprio Partido Comunista devesse contemplar uma organização feminina separada. Sua posição a respeito das mulheres é coerente com a forma como ele abordava a organização de pessoas de diferentes nacionalidades que viviam na Rússia. O Partido Operário Social-Democrata russo foi fundado como um partido para *todo* o proletariado. Em 1913, Lênin argumentou que as condições na Rússia exigiam

que a social-democracia deve unir incondicionalmente os trabalhadores de todas as nacionalidades presentes em todas as organizações proletárias, sem exceção (políticas, sindicais, cooperativas, educacionais etc. etc.). O Partido não deve ter uma estrutura federativa e não

---

[2] Aleksandra Kollontai, "International Socialist Conferences of Women Workers", 1918. Disponível em: <https://www.marxists.org/archive/kollonta/1907/is-conferences.htm>; acesso em: 28 abr. 2021.

deve formar grupos social-democratas nacionais, mas deve unir os proletários de todas as nações em suas dadas localidades, conduzir atividades de propaganda e agitação em todas as línguas do proletariado local, promover a luta comum dos trabalhadores de todas as nações contra todo tipo de privilégio nacional e deve reconhecer a autonomia das organizações locais e regionais do Partido.[3]

Lênin aplicava o mesmo princípio à questão da mulher, dizendo: "Uma mulher comunista integra o Partido da mesma forma que um homem comunista, com direitos e deveres iguais. Não pode haver diferença de opinião nesse quesito"[4]. Ao mesmo tempo, ele enfatizava a necessidade de haver comissões, "modos especiais de agitação e formas de organização" voltados a estimular as mulheres trabalhadoras, camponesas e pequeno-burguesas e a colocá-las em contato com o partido. E sublinhava a necessidade de o partido apresentar demandas que atendessem à condição das mulheres. Por meio dessas reivindicações, o partido demonstraria reconhecer a humilhação a que as mulheres eram submetidas, entender e abominar o privilégio dos homens. O partido mostraria que "odiamos, sim, odiamos e vamos abolir tudo o que tortura e oprime a mulher trabalhadora, a dona de casa, a camponesa, a mulher do pequeno comerciante, sim, e em muitos casos as mulheres das classes proprietárias"[5].

Que camaradas são mulheres e mulheres são camaradas é algo que também fica evidente quando nos lembramos das variações nas visões sobre gênero e família que o termo abarcou. Por um

---

[3] Vladímir Ilitch Uliánov Lênin, "Theses on the National Question", em *Lenin Collected Works*, v. 19 (Moscou, Progress, 1977), p. 243-51.

[4] Clara Zetkin, "Lenin on the *Women's Question*", em Vladímir Ilitch Uliánov Lênin, *The Emancipation of Women: From the Writings of V. I. Lenin* (Nova York, International, 2011) [ed. bras.: "Lênin e o movimento feminino", em Vladímir Ilitch Uliánov Lênin, *O socialismo e a emancipação da mulher*, Rio de Janeiro, Vitória, 1956]. Todos os trechos da obra citados neste livro são traduções livres.

[5] Idem.

lado, podemos notar os primeiros experimentos soviéticos de desmantelar as normas sexuais e familiares burguesas e criar novas relações igualitárias caracterizadas por camaradagem e solidariedade. Aqui, a camaradagem implica abolir as práticas que subordinam as mulheres, socializando as tarefas de reprodução social. Por outro lado, podemos apontar para os anos da Frente Popular* nos Estados Unidos, quando se valorizaram a família nuclear e os papéis maternais de cuidado e criação, em especial a capacidade das mulheres de produzir uma nova geração de comunistas com consciência de classe[6]. Tal como o Partido Comunista da União Soviética, o CPUSA deu uma guinada conservadora no fim dos anos 1930, afastando-se de sua crítica à família burguesa e de sua reputação de defesa do amor livre[7]. No entanto, a ênfase maternal do CPUSA nessa época não impediu que as mulheres comunistas utilizassem o partido para responsabilizar os maridos pelo chauvinismo masculino. Barbara Foley relata que pelo menos "um comunista do sexo masculino foi destituído da liderança por se recusar a ajudar no cuidado dos filhos"[8]. Mesmo que houvesse diferenciação de suas funções e seus pontos fortes, no partido homens

---

* As resoluções do VII Congresso do Comintern, realizado em 1935, em Moscou, sinalizaram uma guinada importante na linha política dos partidos filiados à Terceira Internacional. Por vezes descrita como um "recuo tático" em relação à política do Terceiro Período, a orientação procurava reagir ao novo balanço de forças marcado pela ascensão da ameaça nazifascista. Nos Estados Unidos, essa política de aproximação dos comunistas com os reformistas social-democratas foi abraçada com bastante entusiasmo por Earl Browder, na época à frente do PCUSA, e significou entre outras coisas a adoção de um discurso mais patriótico e o apoio ao New Deal de Roosevelt. (N. T.)

[6] Barbara Foley, *Radical Representations: Politics and Form in U.S. Proletarian Fiction, 1929-1941* (Durham, Duke University Press, 1993), p. 219.

[7] Erik S. McDuffie, *Sojourning for Freedom: Black Women, American Communism, and the Making of Black Left Feminism* (Durham, Duke University Press, 2011), p. 94.

[8] Barbara Foley, *Radical Representations*, cit., p. 219.

e mulheres eram camaradas e deveriam poder esperar igualdade. A propósito, até mesmo a cultura popular estadunidense da Guerra Fria reconhece que "camarada" não é necessariamente masculino. Filmes, programas de televisão, romances comerciais, revistas e anúncios trazem estereótipos que, enquanto zombam da androginia das camaradas mulheres, promovem a fantasia de espiãs sensuais da KGB que se valem de seus artifícios femininos para seduzir os estadunidenses a trair o próprio governo.

Em seu relato sobre a esquerda revolucionária dos Estados Unidos na década de 1930, Murray Kempton faz um elogio da camarada mulher, escrevendo:

> Olhando em retrospectiva, os anos 1930 parecem ter sido inundados pela camarada mulher. Ela parecia ser feita de osso de baleia, muitas vezes mais forte que o homem. Poucos de nós que não fomos tão fortes quanto deveríamos ter sido naquela época podemos nos dar ao luxo de esquecer um episódio de confronto com alguma agente dura do movimento nos enquadrando e nos convocando de volta a nossos deveres, como uma irmã mais velha solteira nos chamando para o jantar.[9]

Como a retórica de Kempton deixa transparecer, o fato de as mulheres serem camaradas não significava que os homens comunistas estivessem vigilantes no combate aos estereótipos sexistas. Ainda assim, o partido se comprometia a lutar pela igualdade de gênero e, ao fazê-lo, criou um espaço para mulheres militantes radicais. Ao longo da década de 1930, a quantidade de mulheres nas fileiras do CPUSA subiu para 40%[10]. Elas alcançariam a paridade em 1944[11]. Mulheres negras de dentro do partido ou que

---

[9] Murray Kempton, *Part of Our Time: Some Ruins and Monuments of the Thirties* (Nova York, Simon and Schuster, 1955), p. 213.

[10] Kate Weigand, *Red Feminism: American Communism and the Making of Women's Liberation* (Baltimore, Johns Hopkins University Press, 2001), p. 23.

[11] Erik S. McDuffie, *Sojourning for Freedom*, cit., p. 130.

orbitavam em torno dele, como Claudia Jones, Esther Cooper Jackson, Louise Thompson Patterson, Thyra Edwards, Marvel Cooke e Ella Baker, trabalharam ativamente para conectar as lutas antifascistas e antirracistas, bem como para direcionar a atenção do partido às formas específicas de opressão vivenciadas pelas mulheres negras. Em um artigo publicado em 1936 na *Women Today*, uma revista do Partido Comunista, Louise Thompson Patterson reflete sobre a tripla exploração das mulheres negras – "como trabalhadoras, como mulheres e como negras"[12]. Claudia Jones desenvolveria ainda mais essa teoria no fim dos anos 1940. Como argumenta Erik S. McDuffie, o ensaio de Jones "An End to the Neglect of the Problems of the Negro Woman!" [Fim da negligência quanto aos problemas da mulher negra!], publicado antes de sua prisão e deportação sob a Lei Smith*, "influenciou profundamente o pensamento do CPUSA sobre raça, gênero e classe", deflagrando a elaboração de uma série de artigos sobre a tripla exploração das mulheres negras nos periódicos do partido[13].

Seguindo a análise de Engels em *A origem da família, da propriedade privada e do Estado***, o CPUSA promoveu a visão de que a subordinação das mulheres aos homens não era natural nem

---

[12] Ibidem, p. 112; Louise Thompson Patterson, "Toward a Brighter Dawn" [1936], republicado em *Viewpoint Magazine*, 31 out. 2015. Disponível em: <https://viewpointmag.com/2015/10/31/toward-a-brighter-dawn-1936/>; acesso em: 28 abr. 2021.

* Aprovada pelo Congresso dos Estados Unidos em 1940, a Alien Registration Act criminalizava a incitação à derrubada do governo, além de exigir o registro de todas as pessoas que não tivessem cidadania estadunidense e residissem no país. Popularmente conhecida como Smith Act, foi responsável pela prisão e deportação de mais de uma centena de lideranças do Partido Comunista dos Estados Unidos no contexto da Guerra Fria. (N. T.)

[13] Erik S. McDuffie, *Sojourning for Freedom*, cit., p. 171.

** Friedrich Engels, *A origem da família, da propriedade privada e do Estado* (trad. Nélio Schneider, São Paulo, Boitempo, 2019). (N. E.)

universal, sendo, antes, um efeito da exploração. O panfleto de 1935 de Margaret Cowl, *Women and Equality* [Mulheres e igualdade], que integra uma série sobre as mulheres publicada pelo partido nos anos 1930, articula as conexões entre a propriedade privada e a subordinação das mulheres[14]. Uma vez que os homens privatizaram a propriedade, as mulheres perderam sua liberdade, caindo sob o controle dos homens por meio da instituição casamento. Por mais que estivessem em situação de desigualdade e dependência em relação aos homens de sua classe, as mulheres burguesas não deixavam de se beneficiar da exploração, na medida em que empregavam criadas. As mulheres da classe trabalhadora dependiam do salário, mesmo com o desenvolvimento industrial substituindo a produção doméstica, rebaixando o valor de seu trabalho artesanal, e com a aceleração fabril amplificando sua exploração. As mulheres trabalhadoras, que na estimativa de Cowl representavam cerca de 46% das mulheres casadas (e até 70% das mulheres casadas no Sul dos Estados Unidos), enfrentavam um conjunto de desafios particulares: propaganda com o objetivo de afastar as mulheres da indústria (o que dificultava seus esforços de sindicalização por medo de que fossem demitidas); manipulação, por parte dos patrões, dos "sentimentos ternos das mulheres por seus entes queridos", a fim de manter os salários baixos; a oficialização legal de salários mais baixos para mulheres brancas e ainda mais baixos para mulheres negras; a ausência de licença-maternidade, que teria permitido às mulheres salvaguardar o emprego após a gravidez; "leis perversas anticontrole de natalidade", que obrigavam as mulheres a arcar com "preços extorsivos para conseguir informações clandestinas a respeito de como controlar a natalidade"; e o enorme fardo do trabalho doméstico[15]. Para enfrentar esses desafios, o Partido

---

[14] Margaret Cowl, *Women and Equality* (Nova York, Workers Library, 1935).
[15] Ibidem, p. 8-10.

Comunista apoiou as pautas de remuneração igual para trabalhos iguais, licença-maternidade, "abolição das leis anticontrole de natalidade", creches gratuitas para mães trabalhadoras, "clínicas gratuitas de controle de natalidade" e abolição de leis discriminatórias contra as mulheres[16]. Também era necessário, conclui Cowl, que as mulheres brancas lutassem pelos mesmos direitos para as mulheres negras e apoiassem a libertação negra.

O livro *Red Feminism: American Communism and the Making of Women's Liberation* [Feminismo vermelho: comunismo estadunidense e a construção da libertação das mulheres], de Kate Weigand, desvenda alguns dos equívocos a respeito do CPUSA que passaram a ser amplamente difundidos por feministas nos Estados Unidos durante a década de 1980 e que até hoje se repetem[17]. Ela documenta a controvérsia em torno de Mary Inman, militante do partido cujo livro de 1940 *In Women's Defense* [Em defesa das mulheres] foi criticado em uma publicação do partido em 1941. Posteriormente, Inman dedicou a vida a forçar uma mudança na análise do partido a respeito das condições das mulheres. Weigand aponta que, por mais que boa parte do livro de Inman refletisse a posição do partido na década de 1930, a obra também desenvolveu ideias novas que o partido só adotaria mais para o fim daquela década – em particular sobre o impacto das normas e práticas culturais, o papel da família na transmissão das normas de gênero e a subjugação efetivada em nome da preocupação com a beleza[18].

---

[16] Ibidem, p. 14.

[17] Ver Erik S. McDuffie, *Sojourning for Freedom*, cit., p. 118, e a introdução dos editores a Mary Inman, "The Role of the Housewife in Social Production" [1940], republicado em *Viewpoint Magazine*, 31 out. 2015. Disponível em: <https://viewpointmag.com/2015/10/31/the-role-of-the-housewife-in-social-production-1940/>; acesso em: 28 abr. 2021.

[18] Kate Weigand, *Red Feminism*, cit., p. 33.

58 | Camarada

In Women's Defense também trazia uma nova teoria do trabalho doméstico como trabalho socialmente produtivo. As donas de casa produzem "a força de trabalho das gerações presentes e futuras de trabalhadores"[19]. Elas fazem esse trabalho "para os capitalistas que as remuneram por meio do salário de seus maridos"[20]. O livro de Inman recebeu uma crítica positiva no *Daily Worker*. As escolas do Partido Comunista usavam a obra em seus cursos. Inman foi convidada a lecionar em uma escola de trabalhadores em Los Angeles. Os membros do partido começaram a debater seus argumentos. O conflito surgiu quando Eva Shafran e Al Bryan, lideranças do partido na Califórnia, "compareceram à aula de Inman e explicaram aos alunos que, apesar do que a professora lhes dizia, o trabalho doméstico não configurava trabalho produtivo"[21]. O curso de Inman foi cancelado, e ela começou a recorrer a instâncias superiores na hierarquia do partido. Seu encontro com lideranças nacionais, entre as quais Elizabeth Gurley Flynn e Ella Reeve (Mother) Bloor, não foi nada bom. A liderança nacional não apenas rejeitou a visão de Inman a respeito do trabalho doméstico (por razões tanto táticas quanto teóricas), como a considerou intransigente – valendo-se de ataques pessoais a qualquer pessoa que não compartilhasse de sua visão – e messiânica na maneira como via seu papel[22].

Ainda assim, o partido reconhecia Inman como uma camarada. Weigand cita uma carta de Bloor em que ela pede a uma amiga que a ajude a "mostrar a Mary Inman que somos camaradas sinceras e honestas e realmente tentamos chegar ao 'denominador comum' das propostas; não queríamos fazê-la voltar

---

[19] Ibidem, p. 35.

[20] Idem.

[21] Ibidem, p. 37.

[22] Ibidem, p. 38.

para casa amargurada e ressentida"[23]. Flynn também recorreu a camaradas do partido para que a ajudassem a persuadir Inman a deixar a controvérsia de lado e mostrar a ela uma maneira de ser "útil e feliz dentro de nosso partido"[24]. Mas Inman não queria nada menos que a aceitação total de seu ponto de vista. Não foi o que ela recebeu. Em vez disso, o jornal teórico do partido, *The Communist*, publicou uma crítica à ideia de que o trabalho doméstico configuraria trabalho produtivo, embora não mencionasse Inman nominalmente. O autor Avram Landy observa que o trabalho doméstico é, evidentemente, um trabalho útil, mas pontua que o marxismo-leninismo não é uma teoria da utilidade do trabalho para o sistema capitalista; é uma teoria da exploração do trabalho[25]. Sob esse ângulo, o trabalho doméstico precisa ser entendido como labuta, como parte de uma condição que as mulheres enfrentam e que deve e pode ser transformada. Landy afirma ainda que o direito que uma dona de casa tem de fazer reivindicações "não deriva de sua 'utilidade', mas de seu caráter como ser humano, integrante da classe trabalhadora e população labutadora oprimida e subjugada. É esse estatuto de oprimida e subjugada que constitui a única fonte de seu 'direito' de postular exigências"[26]. Inman abandonou o partido.

Ela passou os quarenta anos seguintes dando continuidade a essa batalha. Criou um boletim informativo, redigiu artigos, livros, panfletos e enviou cartas a líderes do partido e publicações de esquerda atacando o Partido Comunista por sua posição a respeito da questão da mulher. Ela elaborou uma teoria da conspiração de

---

[23] Ibidem, p. 39.

[24] Idem.

[25] Avram Landy, "Two Questions on the Status of Women under Capitalism", *Communist*, n. XX, 9 set. 1941, p. 822-3.

[26] Ibidem, p. 823.

60 | Camarada

que o partido tinha um projeto de liquidar todo o trabalho em torno das questões das mulheres e que isso remontava à influência de J. Edgar Hoover sobre Nikolai Bukhárin. Ela não se envolveu na nova onda de ativismo feminista, dedicando-se, em vez disso, ao "revisionismo de Browder" dos anos 1940 e 1950 – uma preocupação que não deixava de ser sintomática, visto que Earl Browder, um ex-líder do Partido Comunista, havia sido expulso do partido em 1945[27]. Como detalha Weigand, na década de 1970, Inman começou a enviar seus escritos a uma série de estudiosas feministas. Feridas pelas próprias experiências na nova esquerda, elas passaram a reproduzir a história de que Inman teria sido expulsa do partido por homens que se recusaram a debater suas ideias e concluíram que "o partido se opunha a qualquer discussão ou organização em torno dos problemas da opressão das mulheres no período pré-Segunda Guerra Mundial e também no fim dos anos 1940 e 1950"[28]. Em 2015, os editores da *Viewpoint Magazine* reproduziram a versão de Inman quanto à posição do Partido Comunista a respeito das mulheres, alegando que a autora teria exposto "a cumplicidade entre reducionismo econômico e reformismo identitário no CPUSA" e que o Partido Comunista teria apagado "o papel econômico do trabalho feminino" e naturalizado "o fenômeno social da mãe", reduzindo, assim, a "'luta contra a opressão capitalista das mulheres' [à contestação ideológica da] 'superioridade masculina'"[29]. A pesquisa cuidadosa de Weigand, para não falar das publicações e das atividades organizativas do próprio partido, solapa esse tipo de alegação. Até mesmo a crítica inicial de Landy à posição de Inman sobre o trabalho doméstico já mostra que a

---

[27] Kate Weigand, *Red Feminism*, cit., p. 43.

[28] Ibidem, p. 29.

[29] Introdução a Mary Inman, "The Role of the Housewife in Social Production (1940)", cit.

visão do partido era mais matizada do que faz parecer a reprodução da perspectiva de Inman feita pela revista *Viewpoint*. Landy não apenas expõe a subjugação das mulheres pelas "relações produtivas capitalistas", como ainda extrai pautas e questões decorrentes das condições concretas das donas de casa: "Moradia de melhor qualidade, aluguéis mais baratos, a questão do elevado custo de vida, creches, refeições gratuitas para as crianças"[30].

Empiricamente falando, portanto, a preocupação de "camarada" ser masculino parece derivar de uma falta de conhecimento ou de um esquecimento da história. O esquecimento da história poderia fazer presumir que o termo "camarada" operaria da mesma maneira que "cidadão", que estava associado aos direitos e responsabilidades dos homens enquanto proprietários, autoridades públicas e integrantes do Exército. O esquecimento da história também poderia dar a entender que "camarada" seria sinônimo de "proletário", termo que, por sua vez, também sofreu um processo de excessiva e exclusiva masculinização. Mas, já no século XIX, "camarada" era usado tanto por homens quanto por mulheres socialistas comprometidos com uma transformação social mais ampla. A genericidade de "camarada" permite que a palavra abarque não apenas mulheres e homens, como uma variedade de pressupostos, inclusive cambiantes, sobre gênero.

Talvez, contudo, o esquecimento das camaradas mulheres seja sintomático. Talvez ele decorra do medo de perder aquilo que é mais precioso e único. Em outras palavras, talvez o gesto crítico em relação à suspeita de masculinidade do camarada nem tenha a ver com masculinidade. Ele pode, no fundo, ser expressão de um medo da perda da especificidade individual. Precisamos enfrentar esse medo: "camarada" insiste na condição comum igualadora

---

[30] Avram Landy, "Two Questions on the Status of Women under Capitalism", cit., p. 821.

62 | Camarada

que advém de batalhar de um mesmo lado em uma luta política. "Camarada" introduz uma ruptura no mundo cotidiano ao apresentar o desafio de modos igualitários de agir e pertencer. Ele libera camaradas das expectativas restritivas das identidades inscritas e exigidas de nós pelo capitalismo racial patriarcal. Você vai deparar com ódio e intolerância no cotidiano, mas de seus camaradas pode esperar algo mais, algo melhor. Kathi Weeks observa que Fredric Jameson capta o "medo de se tornar diferente" associado ao medo da utopia como "uma profunda ansiedade diante de tudo que podemos perder no curso de uma transformação tão momentosa que – mesmo na imaginação – pode-se pensar que não deixa intacto quase nada de paixões, hábitos, práticas e valores atuais"[31].

O medo de que "camarada" seja masculino reflete o medo de uma relação política que não prioriza a diferença e a individualidade, que não parte de uma preocupação com o indivíduo, mas que se concentra no trabalho comum em direção a um objetivo comum.

O fato de mulheres e homens se tratarem como camaradas não significa que a hierarquia de gênero desapareça. Robin D. G. Kelley pontua como, na década de 1930, as camaradas brancas eram geralmente "relegadas aos mimeógrafos e, de vez em quando, a fazer alguma fala pública"[32]. As mulheres negras ascenderam a posições de liderança de nível médio, muitas delas atraídas ao partido por causa de sua campanha pela libertação dos Scottsboro Boys (nove jovens negros falsamente acusados de terem estuprado duas mulheres brancas no Alabama e sentenciados à morte)[33]. "Camarada"

---

[31] Kathi Weeks, *The Problem with Work: Feminism, Marxism, Antiwork Politics, and Postwork Imaginaries* (Durham, Duke University Press, 2011), p. 203.

[32] Robin D. G. Kelley, *Hammer and Hoe: Alabama Communists during the Great Depression* (Chapel Hill, University of North Carolina Press, 1990), p. 26.

[33] Ver Dayo F. Gore, *Radicalism at the Crossroads: African American Women Activists in the Cold War* (Nova York, NYU Press, 2011).

não abole o antagonismo de sexo. Permite outra possibilidade de interferência. Traz a promessa de outra forma de relação entre seres sexuados, uma relação política entre camaradas. Essa nova forma fornece um padrão segundo o qual as velhas maneiras de ser são julgadas. "Camarada" não elimina a diferença. Fornece um recipiente indiferente a seu conteúdo. Outros elementos de nossa relação – amizade, parentesco, cidadania, vizinhança, conforme detalho no próximo capítulo – não se extinguem. Eles podem informar ou estimular nossa camaradagem. Às vezes, membros do mesmo partido se casam ou se tornam amantes. Como escreve Angela Davis a respeito da perda de George Jackson: "Para mim, a morte de George significou a perda de um camarada e líder revolucionário, mas também a perda de um amor irrecuperável"[34]. Podemos ser amantes olhando nos olhos um do outro, mas como camaradas miramos juntos um horizonte comum (para usar o exemplo recorrente de Slavoj Žižek). Da mesma forma, "camarada" não elimina o conflito. Ele dá nome a uma aspiração que nem sempre é plenamente realizada, mas que pode se esperar que os camaradas reconheçam e se empenhem para concretizar. "Camarada" não é um designador empírico do que acontece. É uma figura no mundo para algo melhor: não precisamos apelar para as relações familiares ou sexuadas como norma de interação. Podemos apelar à solidariedade e à camaradagem.

O receio em torno da masculinidade da figura do camarada também pode expressar uma preocupação com o sexo. É a ideia de que os homens não poderiam ser camaradas das mulheres, afinal, o sexo atrapalha. O desejo sexual individual dos homens comprometeria a camaradagem. Lênin aborda esse problema em sua

---

[34] Angela Davis, *Angela Davis: An Autobiography* (Nova York, International Publishers, 1988), p. 318 [ed. bras.: *Uma autobiografia*, trad. Heci Regina Candiani, São Paulo, Boitempo, 2019, p. 297].

64 | Camarada

conversa com Zetkin (em um longo e volúvel parêntese). Ele fala sobre um jovem camarada que "vive tropeçando de um caso de amor para outro":

> Isso não funciona para a luta política, para a revolução [...] a revolução exige concentração, acúmulo de forças. Das massas, dos indivíduos [...] nenhum enfraquecimento, nenhum desperdício, nenhuma destruição de forças. Autocontrole, autodisciplina, não é escravidão, nem mesmo no amor.[35]

Pode haver uma relação política entre seres sexuados (mesmo quando uma relação sexual é impossível – isto é, mesmo na medida em que "não existe relação sexual", como ensina Lacan). Seres sexuados podem ser camaradas do mesmo lado de uma luta política. Camarada não é o par do amor; qualquer um, mas nem todo mundo, pode ser um camarada, como discuto no próximo capítulo.

O fato de que qualquer um, mas não todo mundo, pode ser camarada imbui o camarada daquilo que Lacan designa como uma estrutura feminina – camarada é *pas tout* [não todo][36]. Camarada não resguarda o Um como uma exceção (de novo, qualquer um, mas não todo mundo). Nesse sentido, Lênin diz a Zetkin, seguindo sua digressão sobre aumentar em vez de destruir forças como alegria de viver e poder de vida: "Me perdoe, Clara, fugi muito do ponto inicial da conversa. Por que você não me colocou na linha? Minha língua fugiu comigo"[37]. O gozo de Lênin aqui é a *jouissance* feminina da linguagem. Ele pede a ajuda camarada de

---

[35] Clara Zetkin, "Lenin on the *Women's Question*", cit.

[36] Ver Jacques Lacan, *On Feminine Sexuality: The Limits of Love and Knowledge, Book XX, Encore 1972-1973* (trad. Bruce Fink, Nova York, Norton, 1999) [ed. bras.: *O seminário. Livro 20. Mais, ainda*, trad. M. D. Magno, Rio de Janeiro, Jorge Zahar, 1985]. Todos os trechos da obra citados neste livro são traduções livres.

[37] Clara Zetkin, "Lenin on the *Women's Question*", cit.

Zetkin para trazer seu excesso de volta à ordem. O próprio Lênin chega a tecer este argumento: "Sabe, Clara, vou aproveitar o fato de que estava com uma mulher. Explicarei meu atraso aludindo à conhecida volubilidade feminina. Embora desta vez tenha sido o homem, e não a mulher, que falou tanto"[38].

Resumindo: camarada não é masculino. Camarada é uma figura genérica operando como um ideal do eu. Ela fornece a perspectiva que os camaradas assumem quando se veem agindo politicamente, uma perspectiva gerada por sua relação com outros que se encontram do mesmo lado de uma luta política. Essa igualdade é o elemento utópico da camaradagem. As determinações de uma sociedade sexista, racista e capitalista inevitavelmente se imiscuem na questão, mas "camarada" dá nome a uma relação que não é mais determinada por esses fatores, fornecendo um local a partir do qual eles podem ser julgados e abordados.

Camarada negro

E a questão da raça? Não estaria o "camarada" irremediavelmente comprometido por histórias políticas europeias brancas? O mesmo estilo de argumento que usei para confrontar a preocupação masculinista nos é útil aqui. O receio de que "camarada" seria branco procede como se as pessoas de cor, negras em particular, nunca tivessem sido camaradas no sentido socialista e comunista. A visão de que o comunismo seria branco ou europeu omite lutas históricas e atuais – na Índia, na China, na Argélia, em Cuba, na Guiné-Bissau, na Palestina, em Angola, no Vietnã, na Coreia, na Indonésia, na África do Sul, no Nepal, na Colômbia, no Afeganistão, nas Filipinas, no Irã, nos Estados Unidos, no Iêmen, praticamente em todos os lugares. Ao longo das últimas décadas, um grande *corpus* de

---

[38] Idem.

trabalho crucial documentou os elos inextricáveis entre as lutas comunistas, por libertação negra e anticoloniais, demonstrando a constituição mútua de uma política que se desemaranhou na esteira das derrotas da classe trabalhadora e da União Soviética. Com relação especificamente ao comunismo negro nos Estados Unidos, há contribuições indispensáveis de Carole Boyce Davies, Barbara Foley, Dayo F. Gore, Gerald Horne, Walter T. Howard, Yasuhiro Katagiri, Robin D. G. Kelley, Minkah Makalani, Erik S. McDuffie, Mark Naison, Mark Solomon e Mary Helen Washington, para mencionar apenas alguns nomes. Além desse inventário acadêmico, há as memórias de inestimável valor de comunistas negros como Angela Davis, Harry Haywood e Hosea Hudson (mais uma vez, uma lista apenas parcial). Paul M. Heideman publicou recentemente uma grande coleção de textos fundamentais sobre a questão racial escritos na tradição socialista estadunidense, intitulada *Class Struggle and the Color Line* [Luta de classes e a divisa de cor], que vem a complementar os dois volumes de história documental escritos por Philip S. Foner, *American Communism and Black Americans* [Comunismo americano e americanos negros]. O racismo e o anticomunismo continuam trabalhando para expulsar esse *corpus* de conhecimento e evitar que ele seja registrado em toda a sua verdade e a sua complexidade. Cada um deles opera com caricaturas de raça e de comunismo, como se estes fossem unidades em vez de multiplicidades heterogêneas. Camaradas negros são descobertos e depois esquecidos, presentes mais nas gavetas disciplinares da academia que na estrutura viva de um partido.

No contexto estadunidense, a preocupação de que "camarada" seria branco pode ser dividida em basicamente duas suspeitas: a primeira assume que os negros não são ou não podem ser camaradas uns dos outros; a segunda parte do pressuposto de que os negros não são ou não podem ser camaradas de pessoas brancas.

A primeira suspeita pressupõe que a política daqueles atribuídos à mesma categoria racial é determinada pelas características compartilhadas da categoria. A suposição de parentesco racial – irmãos e irmãs – ocupa a totalidade do imaginário político, como se não houvesse divisões políticas entre aqueles que pertencem à mesma categoria racial. Obviamente, isso está errado. Houve e continua a haver diferenças políticas entre pessoas negras, assim como há entre pessoas de qualquer identidade baseada em etnia, sexualidade ou gênero. Questões de separatismo e assimilação, de aceitação ou rejeição do capitalismo e de estratégias e táticas de libertação mal arranham a superfície das questões políticas que dividem as pessoas a quem se atribui uma mesma identidade racial.

Outra forma de ler a preocupação de que os negros não seriam camaradas uns dos outros é como uma afirmação a respeito da tradição radical negra. Há uma tradição radical negra independente e irredutível ao marxismo que deve ser entendida em seus próprios termos[39]. Biko Agozino apresenta, inclusive, um poderoso argumento de como essa tradição influenciou Marx[40]. A existência da tradição radical negra, entretanto, não entra em conflito com meu argumento de que "camarada" não é um termo racialmente exclusivo. Pelo contrário: ela o reforça, instando-nos a reconhecer como e por que alguns radicais negros recorreram ao comunismo e a constatar seu impacto no movimento comunista. A militante e organizadora negra Lucy Parsons, por exemplo, priorizava a luta de classes. Parsons pensava que sexo e raça "eram fatos da existência manipulados pelo patronato, que buscava justificar o modo como exploravam ainda mais as mulheres e as

---

[39] Cedric J. Robinson, *Black Marxism: The Making of a Radical Tradition* (Chapel Hill, University of North Carolina Press, 2000).

[40] Biko Agozino, "The Africana Paradigm in *Capital*: The Debts of Karl Marx to People of African Descent", *Review of African Political Economy*, v. 41, n. 140, 2014, p. 172-84.

68 | Camarada

pessoas de cor"[41]. Ela chegou a afirmar que nem mesmo o linchamento seria um crime primariamente racial. Homens negros eram linchados não por serem negros, mas por serem pobres[42].

Cyril Briggs é outro grande exemplo. Um dos muitos imigrantes das Índias Ocidentais influentes durante a Renascença do Harlem*, Briggs fundou a revista *The Crusader* em setembro de 1918[43]. A publicação dedicava-se ao "patriotismo racial", mais especificamente à ideia de "África para os africanos". Pouco depois de sua inauguração, a *Crusader* começou a trazer artigos vinculando capitalismo e colonialismo e promovendo uma identidade proletária compartilhada por trabalhadores negros e brancos[44]. Dados os compromissos de Briggs com a priorização da raça, essa foi uma inovação radical. Briggs fundia, assim, o socialismo revolucionário e o nacionalismo negro. Vide seu editorial intitulado "Make Their Cause Your Own" [Faça da causa deles a sua], publicado em julho de 1919, no qual ele observa:

> Com nenhuma outra raça os interesses dos trabalhadores são tão claramente identificados com interesses raciais como no caso da raça

---

[41] Angela Davis, *Women, Race and Class*, cit., p. 153 [ed. bras.: *Mulheres, raça e classe*, cit.]. Tradução livre.

[42] Ibidem, p. 154 [p. 159].

* A Renascença do Harlem foi um período de efervescência cultural, social e artística afro-americana que ocorreu no bairro nova-iorquino do Harlem entre as décadas de 1910 e 1930. Considerada a era de ouro da cultura afro-americana, teve como alguns de seus expoentes Langston Hughes, Zora Neale Hurston, Louis Armstrong, Marcus Garvey, Sterling A. Brown e Bessie Smith, entre outros escritores, pensadores, músicos e ativistas. O sentimento de orgulho e pertencimento alimentado durante a Renascença do Harlem serviu como pano de fundo para o movimento pelos direitos civis dos anos 1960. (N. E.)

[43] Mark Solomon, *The Cry Was Unity* (Jackson, University of Mississippi Press, 1998), p. 6.

[44] Ibidem, p. 7.

negra. Nenhuma raça seria mais beneficiada pelo triunfo dos trabalhadores e pela destruição da civilização parasitária do capital, com seu íncubo imperialismo que está arrancando o sangue vital de milhões de nossa raça na África e nas ilhas ao mar, do que a raça negra.[45]

Enquanto acontecia o Verão Vermelho* de 1919, Briggs estava apresentando a questão trabalhista como uma questão racial. Ele via as conexões entre a luta da classe trabalhadora e a luta "da raça negra". O fim do capitalismo seria benéfico aos negros.

No verão de 1919, greves massivas eclodiram em diversas partes dos Estados Unidos – uma greve geral em Seattle, bem como greves de metalúrgicos e carvoeiros envolvendo centenas de milhares de trabalhadores. Atentados anarquistas a bomba intensificaram a situação. Os soldados negros recém-retornados do *front* não foram recebidos como heróis, mas com discriminação, opressão e violência. Foram preteridos dos bons empregos e relegados ao trabalho braçal. Brancos amotinados organizaram ataques contra pessoas negras, que revidaram. Cresceu o número de linchamentos no Sul do país. Os sulistas brancos chegaram a queimar pessoas na fogueira, inclusive contando com a anuência do estado do Mississippi para que um homem negro fosse queimado vivo. O governador alegou ser impotente para impedir que o ato ocorresse, mas garantiu que os "arranjos necessários" haviam sido providenciados e que a turba agiria conforme o combinado. Três mil pessoas compareceram para assistir[46]. A

---

[45] Cyril V. Briggs, "Make Their Cause Your Own", em Paul M. Heideman (org.), *Class Struggle and the Color Line: American Socialism and the Race Question 1900-1930* (Chicago, Haymarket, 2018), p. 240.

* O Verão Vermelho (*Red Summer*, no original) foi um período entre abril e setembro de 1919 durante o qual ocorreram atentados de terrorismo supremacista branco e motins raciais em dezenas de cidades estadunidenses. (N. T.)

[46] Robert Whitaker, *On the Lap of the Gods* (Nova York, Three Rivers, 2009), p. 47.

imprensa negra – que incluía mais de duzentos jornais – exortou os negros a se protegerem, a se oporem ao justiçamento com "aço frio e fogo", com "firmeza de aço e determinação inflexível"[47]. As manchetes dos jornais brancos esbravejavam: "Vermelhos tentam incitar os negros à revolta". Culpando os bolcheviques pelo caos nos Estados Unidos, a grande mídia passou a dizer a seus leitores que as publicações negras eram financiadas pela Rússia com o objetivo de instaurar o domínio bolchevique no país norte--americano[48]. Vinculando a luta negra por libertação ao bolchevismo, a imprensa branca fez que os negros que revidavam aos ataques parecessem traidores. O Departamento de Justiça dos Estados Unidos começou a tratar os negros "como potenciais inimigos do Estado"[49]. Os sulistas brancos inverteram o problema: não era que os negros inaugurariam a dominação comunista; era o comunismo que levaria à dominação negra[50].

Foi nesse contexto, portanto, que Briggs corajosamente reivindicou os soviéticos como aliados na luta de libertação negra, caracterizando o antibolchevismo como veículo para o racismo e para os ataques ao radicalismo negro. Ele não se contentou em fazer eco à imprensa negra e enfatizar apenas a dimensão racial da violência infligida aos afro-americanos. Para ele, a violência estava ligada à natureza opressora e exploradora do sistema capitalista. Ao fim de 1919, Briggs associava o anticomunismo à supremacia branca. Nas palavras dele,

> que editores e cartunistas negros caiam nas mentiras sobre a Rússia soviética divulgadas pela imprensa capitalista branca é ainda mais surpreendente quando se considera que esses mesmos cartunistas e

---

[47] Ibidem, p. 49.

[48] Ibidem, p. 50.

[49] Idem.

[50] Idem.

editores negros são membros de uma raça ainda mais cruelmente ludibriada pela mesma imprensa capitalista branca.[51]

O anticomunismo, a ideologia do inimigo branco capitalista dos trabalhadores negros, contrariava os interesses dos negros.

Ao mesmo tempo que publicava a *Crusader*, Briggs organizou a African Blood Brotherhood [Fraternidade Africana de Sangue] (ABB). Por meio da revista e da organização, ele produziu uma síntese original entre identidade africana e internacionalismo leninista[52]. A síntese apoiava-se, em parte, na visão de Briggs de um comunismo africano originário destruído pela escravidão e pelo colonialismo. O comunismo, nessa visão, é autenticamente africano, não europeu. Ancorada no passado, a síntese de Briggs voltava-se, no entanto, para o futuro: o único caminho para a libertação negra é por meio de um estado negro socialista independente no interior de uma comunidade socialista universalista mais ampla. A libertação negra depende do socialismo – os interesses de todas as pessoas de ascendência africana levam ao socialismo. A liberdade africana é impossível no interior de um sistema capitalista. Somente uma aliança anti-imperialista com a classe trabalhadora, na qual trabalhadores negros lideram trabalhadores brancos avançados, garantirá o sonho da independência nacional negra. A ABB apresentava a luta pela liberdade das pessoas negras como uma luta que visava à transformação socialista – não à "assimilação à ordem burguesa" – e os trabalhadores negros como líderes de uma classe trabalhadora multirracial – não seguidores de uma elite negra[53]. Contra os críticos que viam "camarada" como branco porque mesclavam sindicalismo, operaísmo, socialismo

---

[51] Cyril V. Briggs, "Bolshevism and Race Prejudice", em Paul M. Heideman (org.), *Class Struggle and the Color Line*, cit., p. 241.

[52] Mark Solomon, *The Cry Was Unity*, cit., p. 13.

[53] Ibidem, p. 16.

e comunismo, Briggs apresentava um quadro mais complexo: o camarada luta pela libertação negra, comprometido com a "consciência negra" e com uma política que prioriza a questão racial, que recorre a Lênin e à experiência soviética como subsídios para a luta negra por libertação.

Para os ativistas negros em formações políticas marxistas-leninistas, "camarada" tem sido uma forma de tratamento que às vezes acompanha a linguagem familiar do nacionalismo negro e da igreja negra e às vezes a substitui. Em *Incognegro*, Frank Wilderson descreve o impacto devastador que o assassinato de Chris Hani, chefe de gabinete do uMkhonto weSizwe (MK) e líder do Partido Comunista da África do Sul, teve em sua filial do MK, em especial seu efeito sobre Jabu Mosando, que nunca engoliu direito o afastamento em relação ao Movimento da Consciência Negra de Steve Biko e a consequente adesão ao "maldito não racialismo" da Carta da Liberdade[54]. Pouco depois do assassinato de Hani, houve uma reunião que contou com a participação de camaradas negros como Jabu e Stimela e um camarada branco, Trevor. Wilderson escreve:

> Stimela terminou o *briefing* e perguntou a Jabu se o que ele havia dito estava claro. Sim, disse Jabu. Stimela foi até a porta e verificou o corredor. Ele acenou para Jabu. "Boa sorte, camarada." "Irmão", Jabu o corrigiu. "Jabu, eu sei o que você está sentindo." "Sabe, é?" "Eu me sinto do mesmo jeito." "Que jeito é esse?" "Vai, Jabu, rápido."[55]

A angústia presente nesse relato está ligada à suspeita de que pessoas negras não podem ser camaradas de pessoas brancas: a camaradagem seria um ardil, um truque, um jogo sujo que subordina

---

[54] Frank B. Wilderson III, *Incognegro: A Memoir of Exile and Apartheid* (Durham, Duke University Press, 2015), p. 383.
[55] Idem.

os interesses dos negros aos dos brancos[56]. Wilderson fornece um exemplo que desmente essa conclusão. Ele descreve uma visita à União Soviética na década de 1970, na qual um homem russo com quem ele caminhava estendeu o braço para segurar sua mão.

> Tive vontade de dizer que eu era jogador de futebol americano, não homossexual; então olhei nos olhos do homem e percebi que ele não estava dando em cima de mim. Aquilo era apenas um profundo gesto de camaradagem. E eu quis chorar. Pois, naquele momento, enquanto aquele homem, que estava disposto a tentar combinar suas poucas palavras de inglês com minhas poucas palavras de russo, e eu subíamos as escadas do cinema, eu pensava nas malditas crianças da Kenwood Grammar School que, onze anos antes, tinham escolhido atrasar o recreio até Deus sabe quando em vez de formar uma fila na qual uma delas teria que ficar de mãos dadas comigo. Se o comunismo purifica minhas mãos, pensei, então sou um comunista.[57]

Por um momento, a camaradagem ofereceu uma fuga do racismo. Os camaradas foram brevemente libertados do mundo prejudicial do ódio e da intolerância.

A história de Wilderson ecoa outro relato, o do organizador comunista negro, Ernest Rice McKinney, do movimento operário. Seu testemunho ilustra a influência do Partido Comunista entre os afro-americanos durante a Depressão. McKinney conta que saía de uma reunião do Partido dos Trabalhadores Americanos em Pittsburgh.

> Estávamos andando pela rua, brancos e negros juntos, e havia alguns homens negros caminhando ao lado de mulheres brancas. Estávamos em um bairro bem de classe trabalhadora, e, quando cruzamos um grupo de jovens brancos, eles nos disseram: "Olá, camaradas". O tom era sarcástico, mas não hostil. A impressão que os comunistas

---

[56] Ver Barbara Foley, *Radical Representations*, cit., p. 170-1.
[57] Frank B. Wilderson III, *Incognegro*, cit., p. 132-3.

tinham causado praticando a igualdade social era tamanha que eles já assumiam que éramos comunistas.[58]

Os comunistas estadunidenses, no entanto, nem sempre tiveram êxito na prática da igualdade social. Em 1949, Claudia Jones, uma líder do partido, chamou a atenção de camaradas brancos e brancas e também de camaradas negros por não "demonstrarem cortesia às mulheres negras ao integrá-las à liderança organizacional"[59]. Era de esperar que os comunistas, em especial, reconhecessem que "a questão das relações sociais com homens negros e mulheres negras é, acima de tudo, uma questão de aderir à igualdade social"[60]. Ser camarada significava praticar a igualdade social na vida cotidiana e também no trabalho partidário. O que se esperava de um camarada – expectativa esta sustentada inclusive por quem não era camarada e que nem sempre se cumpria – era o igualitarismo radical. Os camaradas eram aqueles não apenas corajosos o suficiente para praticar um modo de pertencimento em profundo descompasso com a cultura dominante, como também dedicados o suficiente para reconhecer como as relações pessoais ajudam a produzir poder político. A liderança das mulheres negras precisava ser compreendida como indispensável à luta revolucionária.

Por si sós, esses relatos não bastam para aplacar as preocupações com a subordinação socialista e comunista dos interesses negros aos interesses brancos. Aqui, talvez uma atenção mais detalhada às discussões dentro do meio comunista possa nos ajudar. Mais

---

[58] Mark Naison, "Historical Notes on Blacks and American Communism: The Harlem Experience", *Science & Society*, v. 42, n. 3, 1970, p. 324.

[59] Claudia Jones, "An End to the Neglect of the Problems of the Negro Woman!", em Beverly Guy-Sheftal (org.), *Words of Fire: An Anthology of African-American Feminist Thought* (Nova York, New Press, 1995), p. 117.

[60] Idem.

uma vez recorro a experiências ocorridas no interior do CPUSA nos anos 1920 e 1930, adotando Briggs como guia indispensável. Em 1921, Briggs juntou-se ao Partido dos Trabalhadores, um dos dois partidos que se fundiriam para se tornar o Partido Comunista, enquanto continuava trabalhando na ABB e na publicação da *Crusader*. O Partido dos Trabalhadores se comprometia a destruir o preconceito racial e a unir trabalhadores negros e brancos em uma junção de forças revolucionárias[61]. A plataforma do partido incorporou os *insights* de Briggs a respeito do "papel exercido pela escravidão e pelo terror do linchamento na acumulação de capital no país" e a respeito do "uso do preconceito racial para submeter os negros a uma exploração extrema e dividir a classe trabalhadora"[62]. Ao mesmo tempo, Briggs abordou a questão da "amizade branca" na *Crusader*. Ele observou que os negros já tinham sido "gravemente enganados" por declarações anteriores de amizade por parte de pessoas brancas, que, como mais tarde se revelou, tinham sido na verdade motivadas por "ganho pessoal ou pela contenção do 'radicalismo' negro"[63]. Os trabalhadores negros tinham bons motivos para se manterem céticos. Briggs argumenta, no entanto, que eles deveriam reconhecer como os trabalhadores brancos de fato precisavam da ajuda dos negros a fim de atingir seus objetivos. Ele se refere a essa necessidade como politicamente útil para os negros: "Há cismas no interior da raça branca que, ao serem estimulados, podem acabar por nos beneficiar"[64]. Os trabalhadores negros não deveriam permitir que o fato e o medo do oportunismo branco atrapalhassem uma análise que faria avançar a causa negra.

---

[61] Mark Solomon, *The Cry Was Unity*, cit., p. 21.

[62] Ibidem, p. 20.

[63] Cyril V. Briggs, "Acid Test of White Friendship", em Paul M. Heideman (org.), *Class Struggle and the Color Line*, cit., p. 263.

[64] Ibidem, p. 264.

76 | Camarada

E tem mais. Briggs achava que trabalhadores negros e brancos podiam ser camaradas. Ele assinala:

> Homens brancos já lutaram ao lado de negros em defesa de seus interesses comuns e se recusaram firmemente a admitir divisões em suas fileiras e a trair seus camaradas negros, até mesmo quando os patrões brancos se dispuseram a atender a determinadas reivindicações caso os trabalhadores brancos traíssem seus camaradas negros.[65]

Briggs propõe, assim, um "teste de verificação": uma pessoa branca está "disposta a ver um negro se defender com armas contra uma agressão e disposta até mesmo a ver negros matando seu próprio povo (branco) em defesa dos direitos dos negros?"[66].

Os comunistas estadunidenses do início da década de 1930 levaram esse teste a sério. Mark Solomon traz como exemplo as instruções dadas por um organizador do partido em 1932. Em visita a uma seção do partido, o organizador

> disse ao grupo que os negros tinham sido traídos perenemente por brancos em busca de seu apoio: "O que todo comunista deve fazer é estar disposto a morrer em defesa dos direitos de qualquer negro, e nem precisa ser nada extravagante ou muito importante – qualquer insulto, e estes não faltam, dirigido por um branco contra um negro já é motivo suficiente para um comunista reagir, dar um tapa na cara, reagir com força, e, se for morto, tudo bem também, porque [...] sem o povo negro estamos estagnados quanto a fazer a revolução nos Estados Unidos".[67]

O Partido Comunista abraçou a visão de que a camaradagem entre negros e brancos dependia da disposição das pessoas brancas de morrer por seus camaradas negros. Se quisessem construir

---

[65] Ibidem, p. 263-4.
[66] Ibidem, p. 264.
[67] Mark Solomon, *The Cry Was Unity*, cit., p. 135.

a unidade de classe, os comunistas brancos teriam de provar aos negros que defenderiam até a morte seu compromisso com a libertação negra – com os "direitos dos negros", na linguagem do organizador do partido nos anos 1930. Qualquer coisa menos que isso os colocaria do lado do racismo, do linchamento e do acesso negado (próprio do sistema Jim Crow*) a empregos com remuneração digna. Com efeito, os comunistas brancos teriam de abrir mão de sua propriedade na branquitude, abolindo a própria ignorância e privilégio raciais, se quisessem criar as condições para unificar a classe trabalhadora. O avanço da classe trabalhadora branca não pode ocorrer à custa de vidas negras. A incapacidade de defender a libertação negra significaria uma derrota de todos os trabalhadores.

Historiadores do radicalismo negro nos Estados Unidos expuseram o engodo por trás das alegações de que o Partido Comunista só se envolveu em lutas de libertação negra visando a seus próprios interesses. Robin D. G. Kelley, Mark Naison e Mark Solomon, entre outros, apresentam uma visão dos afro-americanos e do comunismo que rejeita a ideia de "manipulação, desilusão e traição" que anima os escritos de figuras como Richard Wright, Ralph Ellison e Harold Cruse[68]. Por um tempo, o Partido Comunista foi a principal organização inter-racial na luta contra a supremacia branca nos Estados Unidos.

---

* Conjunto de leis que institucionalizava a segregação racial no Sul dos Estados Unidos em locais e serviços públicos, como escolas e meios de transporte, mas também em estabelecimentos particulares como restaurantes. Sua duração foi de quase um século (de 1876 a 1965). (N. E.)

[68] Mark Naison, *Communists in Harlem during the Depression* (Nova York, Grove, 1983), p. xv. Nikhil Pal Singh também complexifica a visão de que as pessoas negras se oporiam ao comunismo, ressaltando, em vez disso, os esforços de intelectuais negros para "articular um radicalismo independente e indígena". Nikhil Pal Singh, *Black Is a Country: Race and the Unfinished Struggle for Democracy* (Cambridge, MA, Harvard University Press, 2004), p. 122.

Qualquer preocupação ligada à traição dos interesses dos negros e sua subordinação aos brancos seria incompleta sem o reconhecimento de uma segunda preocupação: a de que a burguesia negra – as elites negras de classe média – opte por promover seus interesses específicos de classe entregando à lei branca uma classe inferior de negros pacificados e cooperativos. Essa preocupação com a cooptação do radicalismo da classe trabalhadora negra obviamente não tem nada a ver com camaradagem. Tem mais a ver com respeitabilidade e avanço da raça via assimilação à sociedade branca. Diz respeito a aceitar os valores da classe média e trabalhar no interior do sistema. Lovett Fort-Whiteman, um dos primeiros membros afro-americanos do CPUSA, forneceu uma análise robusta acerca da situação política enfrentada pelos negros em meados da década de 1920: os defensores negros de um rumo político radical foram combatidos por "líderes negros" porque a maioria desses líderes dependia "das recompensas dadas pela classe capitalista branca", da filantropia branca, de doações para suas faculdades e instituições. Esses traidores raciais "não ousam apoiar o sindicalismo entre os negros, não ousam apoiar uma chapa política que não seja capitalista"[69].

A tese do Cinturão Negro

A vida prática organizacional do CPUSA de fins dos anos 1920 até meados da década de 1930 foi tensa e conflituosa. Respondendo a críticas vindas de comunistas afro-americanos de que seus camaradas brancos não estavam suficientemente engajados no trabalho organizacional dentro da comunidade negra, o Comintern pressionou o partido a eliminar o chauvinismo branco* de suas

---

[69] Lovett Fort-Whiteman, "The Negro in Politics", em Paul M. Heideman (org.), *Class Struggle and the Color Line*, cit., p. 334.

* Termo utilizado de fins dos anos 1920 a meados da década de 1930 para designar racismo e supremacia branca. Jodi Dean preserva a expressão em seu relato histórico, principalmente no último capítulo deste livro. (N. T.)

fileiras e elevar a "questão negra" ao centro de sua atividade organizativa. Na época, havia perigos reais em se fazer trabalho de organização política inter-racial no Sul dos Estados Unidos, dominado pelo sistema Jim Crow. Essas condições – luta de classes sob a supremacia branca – iluminam o poder e a promessa do camarada enquanto figura para uma relação política liberada das determinações da especificidade. A escandalosa tese do Cinturão Negro ilustra esse ponto.

Após vários anos de debate, o Comintern – e, portanto, o Partido Comunista – assumiu a posição de que o povo negro do Cinturão Negro dos Estados Unidos (uma grande fatia de condados de maioria negra no Sul do país, chamada de "Cinturão Negro" por causa do solo rico e escuro) configurava uma nação oprimida com direito a autodeterminação. Chamo essa tese de escandalosa porque ela é muitas vezes desacreditada como algo sem lastro com a realidade, dogmático, ridículo, impossível, e assim por diante – mesmo que ecoasse os temas nacionalistas da United Negro Improvement Association [Associação Universal para o Progresso Negro] de Marcus Garvey e fosse recuperada mais de trinta anos depois por revolucionários afro-americanos[70]. A tese do Cinturão Negro também parece escandalosa quando comparada às suposições operaístas de que os comunistas privilegiariam a luta de classes acima de todas as outras lutas. Opondo-se a essa tese em 1939, C. L. R. James argumentou o seguinte:

> Propor que o negro tenha um Estado negro para si é pedir muito aos trabalhadores brancos, principalmente quando o próprio negro não

---

[70] Robinson critica a tese como sendo oportunista e ancorada em uma concepção incoerente de nação. Cedric J. Robinson, *Black Marxism*, cit., p. 226. Ver também Beverly Tomek, "The Communist International and the Dilemma of the American 'Negro Problem': Limitations of the Black Belt Self-Determination Thesis", *Working USA: The Journal of Labor and Society*, n. 15, dez. 2012, p. 549-76.

está lançando a mesma demanda. As bandeiras de "abolição de dívidas", "confisco de grandes propriedades" etc. são mais que suficientes para estimulá-los a batalhar juntos e com base na luta econômica para travar um embate unido em prol da abolição da discriminação social.[71]

James não era do Partido Comunista. Essa sua declaração foi preparada para um encontro que ele teve com Trótski. Mesmo dentro do partido, porém, a ideia de que os negros constituíam uma nação oprimida enfrentou uma resistência inicial por parte daqueles que insistiam que a questão era racial, não nacional.

No livro de memórias *Black Bolshevik* [Bolchevique negro], Harry Haywood, o principal nome por trás da tese do Cinturão Negro, nos mostra o que está em jogo no debate. A primeira questão é como pensar sobre os afro-americanos. Seriam eles uma minoria racial oprimida ou uma minoria nacional oprimida? A posição da minoria nacional empregava uma teoria de nação formulada por Stálin. Haywood apresenta a definição de Stálin de nação como

> uma comunidade estável de pessoas historicamente constituída, baseada em quatro principais características: um território comum, uma vida econômica comum, uma língua comum e uma constituição psicológica comum (caráter nacional) manifesta em traços comuns em uma cultura nacional. Desde o desenvolvimento do imperialismo, a libertação das nações oprimidas havia se tornado uma questão cuja resolução final só viria através da resolução proletária.[72]

Já em 1920, Lênin havia proposto ao Comintern uma resolução afirmando que as pessoas negras nos Estados Unidos

---

[71] C. L. R. James, "Self-Determination for the American Negroes". Publicado originalmente em Leon Trótski, *On Black Nationalism: Documents on the Negro Struggle* (1939). Disponível em: <https://www.marxists.org/archive/trotsky/works/1940/negro1.htm>; acesso em: 29 abr. 2021.

[72] Harry Haywood, *Black Bolshevik: Autobiography of an Afro-American Communist* (Chicago, Liberator, 1978), p. 157.

constituiriam uma nação oprimida[73]. Sob as condições do imperialismo, as lutas das nações oprimidas são objetivamente revolucionárias. Não há contradição entre lutas nacionais e lutas proletárias. A libertação das nações oprimidas, a derrubada do imperialismo e a conquista do socialismo são interdependentes: cada um desses elementos requer os demais.

Depois de uma série de conversas com seus amigos e camaradas na Escola Lênin, em Moscou, Haywood desenvolveu uma análise histórica para sustentar a ideia de que os negros nos Estados Unidos seriam uma nação oprimida, dotada do direito à autodeterminação. Em resumo, ele argumenta que a história afro-americana começa na escravidão e continua durante a Guerra Civil Americana e a traição do período da Reconstrução. Essa traição teria desencadeado um "terror contrarrevolucionário, incluindo o massacre de milhares de negros"[74]. Privados das terras que deveriam ter sido suas caso as *plantations* tivessem sido confiscadas e desmembradas, os negros foram novamente reduzidos a condições de quase plena escravidão. O imperialismo, estágio do capitalismo caracterizado por monopólios, trustes e oligarquia financeira, "congelou" os negros em sua posição de "sem-terra e semiescravizados", "bloqueou o caminho para a fusão de negros e brancos em uma nação construída com base na igualdade e imprimiu o selo final da opressão especial dos negros"[75]. O imperialismo e a opressão racista produziram no Sul, portanto, as condições sob as quais os negros nos Estados Unidos se tornaram uma nação subjugada. Haywood escreve: "Trata-se de um povo separado por uma origem étnica comum, economicamente inter-relacionado em várias classes, unido por uma experiência histórica comum, refletida em uma

---

[73] Ibidem, p. 219.

[74] Ibidem, p. 231.

[75] Ibidem, p. 231-2.

cultura e constituição psicológica particulares"[76]. Seu território nacional é o Cinturão Negro, onde eles constituem maioria.

Os camaradas que consideravam os afro-americanos uma minoria racial oprimida julgavam reacionária qualquer expressão de nacionalismo negro, um desvio da luta primária de organizar os negros enquanto trabalhadores. Eles viam "a luta de classes 'proletária pura' como a única e exclusiva luta revolucionária contra o capitalismo"[77]. Haywood relatou que os camaradas negros do CPUSA teceram algumas das críticas mais veementes à ideia de que os negros constituiriam uma minoria nacional oprimida. Rejeitando a afirmação de que as pessoas negras eram oprimidas como nação, James Ford argumentou que não havia separação econômica sistêmica entre pessoas negras e pessoas brancas, apenas diferenças raciais de tom de pele. Otto Hall (irmão de Haywood) disse que os interesses de classe dividiam a população negra a ponto de ela não poder ser considerada uma entidade nacional; além do mais, seu objetivo primário era a assimilação.

O segundo ponto do debate sobre a tese do Cinturão Negro dizia respeito à tática política e era um desdobramento do debate "nação *versus* raça". Haywood argumentava que a ênfase no preconceito racial, além de não captar a natureza revolucionária das lutas de libertação nacional por autodeterminação (que Lênin já havia articulado), tampouco fornecia uma posição a partir da qual combater o chauvinismo branco no interior do partido e da classe trabalhadora branca. Ele estava receoso de que camaradas negros nos Estados Unidos acabassem desvinculando o racismo "de suas raízes socioeconômicas, reduzindo a luta pela igualdade a um movimento contra o preconceito"[78]. Ele defendia que enfatizar raça

---

[76] Ibidem, p. 232.

[77] Ibidem, p. 229.

[78] Ibidem, p. 264.

em vez de nação significava "rebaixar o caráter revolucionário da luta negra por igualdade"[79]. Esse tipo de ênfase, segundo ele, não exigia transformações radicais, como reforma agrária e o poder democrático no Sul do país. Ela desembocava em uma luta assimilacionista burguesa contra o preconceito e um esforço de unir trabalhadores negros e brancos. Em contraposição a isso, explicava Haywood, a linha de autodeterminação

> estabelecia que a luta negra pela libertação é por si só um movimento revolucionário, dirigido contra os próprios alicerces do imperialismo estadunidense, com seus próprios ritmo e ímpeto dinâmicos, decorrente das revoluções democráticas e agrárias inacabadas no Sul. Ela coloca o movimento de libertação negra e a luta de classes dos trabalhadores estadunidenses como dois aspectos da luta contra o inimigo comum: o capitalismo dos Estados Unidos. Eleva o movimento negro a uma posição de igualdade nessa batalha.[80]

Com essa linha, o Partido Comunista não cometeria mais o equívoco de subordinar a luta negra à luta de classes. Em vez disso, o partido teria de educar os trabalhadores brancos sobre o papel revolucionário da luta pela libertação negra. Como instruía um artigo publicado no *Daily Worker*: "É dever do Partido Comunista dos Estados Unidos mobilizar e reunir as amplas massas de trabalhadores brancos para participarem ativamente dessa luta"[81]. Camaradas brancos teriam de fazer da luta negra sua própria luta – menos que isso seria uma traição à revolução.

Contra aqueles que tratavam a autodeterminação das pessoas negras no Cinturão Negro como uma fórmula para o separatismo, Haywood demonstrou sua função na construção da unidade. A

---

[79] Idem.

[80] Ibidem, p. 234.

[81] "Black Belt Thesis", *Daily Worker*, 12 fev. 1929, p. 3. Republicado em Paul M. Heideman (org.), *Class Struggle and the Color Line*, cit., p. 283.

84 | Camarada

consciência de classe dos trabalhadores brancos não passaria de uma consciência racial – o chauvinismo branco – se eles não estivessem totalmente comprometidos com a abolição do ódio racial, do sistema Jim Crow, dos linchamentos, do preconceito e "até mesmo da indiferença" à luta negra[82]. No interior do partido, o preconceito racial deveria ser identificado e erradicado, "combatido com extrema energia"[83]. Como observa Mark Solomon, a linha de autodeterminação fez com que o partido se comprometesse a lutar pelo direito das pessoas negras "serem livres para controlar a vida política e social de suas comunidades"; ao mesmo tempo, redefiniu "o conceito de cooperação negro-branco com base em novas relações de poder entre iguais"[84].

A tese do Cinturão Negro colocou o camarada negro na posição de eu ideal, proporcionando a perspectiva que todos os camaradas teriam de adotar em relação a si mesmos e suas ações. Como escreve Solomon: "Para o comunista dedicado, não havia como escapar de se submeter a um severo autoexame"[85]. Camaradas brancos precisariam se enxergar a partir de uma nova perspectiva – não apenas a de serem iguais do mesmo lado na luta de classes, mas de serem iguais do mesmo lado de uma luta por libertação nacional, iguais lutando contra a opressão de uma minoria nacional. As ações dos camaradas brancos seguiam um padrão que um camarada negro consideraria louvável? Confiável? O *Daily Worker* observou que "cada membro do partido deve ter em mente" a amargura e a desconfiança das massas oprimidas, colonizadas e fracas frente ao proletariado das nações opressoras[86]. O partido levou a cabo todo um trabalho visando a

---

[82] Ibidem, p. 287.

[83] Ibidem, p. 286.

[84] Mark Solomon, *The Cry Was Unity*, cit., p. 86.

[85] Ibidem, p. 135.

[86] "Black Belt Thesis", cit., p. 288.

enfrentar o chauvinismo branco – uma campanha de autocrítica, formação de lideranças negras, julgamentos públicos de massa e expulsões. Ampliou seus esforços de organização e recrutamento entre afro-americanos. Mergulhou no que Solomon denominou "um frenesi de luta pela igualdade e libertação negras"[87]. Alguns organizadores no Sul dos Estados Unidos "criticaram expurgos de militantes brancos racialmente preconceituosos"[88]. O partido assumiu a posição de que, mesmo que o efeito fosse o isolamento político no Sul, qualquer concessão à segregação "validaria o racismo e sacrificaria a confiança dos negros nos radicais brancos"[89].

Camarada é uma figura genérica que designa a relação política entre aqueles que se encontram de um mesmo lado. Ela caracteriza-se por uma condição comum, pela igualdade e pela solidariedade. Mas o que isso significa sob condições de capitalismo racial, de um capitalismo ancorado na supremacia branca? Significa o confronto ativo com essas condições e a rejeição delas em uma recomposição de igualdade e solidariedade. O compromisso do Partido Comunista com a autodeterminação negra no Cinturão Negro exemplifica esse tipo de camaradagem. Tratava-se de uma posição utópica, uma insistência escandalosa de que uma grande área do Sul dos Estados Unidos pertencia aos afro-americanos porque eles a tinham construído, seu trabalho a havia criado, e sua experiência histórica de captura – cativos, sob a chibata e a reescravização, sob os linchamentos e o sistema Jim Crow – havia gerado uma psicologia nacional que se expressava na forma de um anseio coletivo pela liberdade. A bandeira do Cinturão Negro se negava a deixar essa experiência e esse anseio ficarem subordinados à luta de

---

[87] Mark Solomon, *The Cry Was Unity*, cit., p. 87.
[88] Ibidem, p. 128.
[89] Idem.

86 | Camarada

classes ou reduzidos à abolição da discriminação. Todo o sistema capitalista Jim Crow precisava vir abaixo.

O fato de que qualquer um, mas não todo mundo, pode ser camarada, uma tese que defendo no terceiro capítulo, significa que a raça não determina quem é camarada. A camaradagem exige a eliminação do racismo. Durante determinado período, o Partido Comunista ficou intensamente investido nesse processo, de maneiras que às vezes "degeneravam em acusações fantásticas" ou acabavam sendo manipuladas em maquinações intrapartidárias. Frequentes e repetidas acusações, julgamentos e expulsões, no entanto, criaram a sensação de que o racismo nunca seria erradicado do partido[90]. O intenso anseio por justiça e o entusiasmo que os camaradas traziam à luta pela libertação negra inspiraram um impulso crítico que desabou sobre si mesmo com uma ferocidade que parecia expor a camaradagem como um ideal impossível. Alguns criticam o partido pela incapacidade de erradicar o racismo, sob a forma do chauvinismo branco, de suas fileiras. Como exploro de maneira mais aprofundada no quarto capítulo, entretanto, essa crítica nunca pode atingir a intensidade da crítica que o partido travou contra si mesmo.

A negatividade do camarada

A preocupação de que a figura do camarada seria masculina e branca surge da suspeita de que ela estaria comprometida por certo conteúdo positivo. Em vez de ser entendida como a figura de uma relação que engloba qualquer pessoa, mas não todas, ela é tratada como a imagem de uma única pessoa, uma pessoa que não pode ser generificada nem racializada (como se o homem branco não tivesse raça nem gênero). Abordei essa preocupação delineando algumas das formas pelas quais, na tradição comunista – particularmente no CPUSA –, o camarada não foi determinado

---

[90] Ibidem, p. 144-5.

pela identidade atribuída. "Camarada" dá nome a uma relação que ultrapassa sexo e raça e que traz consigo a expectativa de que o sexismo e o racismo serão combatidos e abolidos. Abstraindo-se das identidades produzidas pelo sistema do capitalismo racial patriarcal, "camarada" postula uma relação política entre aqueles que se comprometeram a trabalhar juntos para derrubar esse sistema. A libertação em relação ao que está dado permite uma nova forma de relação entre iguais que se encontram do mesmo lado de uma luta.

Para alguns ativistas contemporâneos bem versados na política de identidade, muitas vezes em decorrência das próprias experiências com machismo e racismo na internet e no interior dos movimentos, pode pairar certa suspeita de que "camarada" não seria formal o bastante nem vazio o bastante e que nenhuma explicação (por mais abrangente que seja) da inclusão de diferença positiva jamais será suficiente para desfazer tal suspeita. Uma forma de responder a esse receio é atentando para a dimensão negativa de camarada. "Camarada" implica tomar um lado, em vez de se recusar a reconhecer e admitir a existência de lados. Pertencer a um mesmo lado confere uma qualidade genérica à camaradagem: camaradas são indiferentes às diferenças individuais e são iguais e solidários no que diz respeito a seu pertencimento. A camaradagem exige, portanto, a dissolução dos apegos à fantasia de autossuficiência, hierarquia e singularidade individual. Não há lugar para esse tipo de apego no camarada.

A apresentação da camaradagem narrada pelo romancista soviético Andrei Platónov em *Chevengur*, romance finalizado em 1928, joga luz sobre a negatividade do camarada[91]. Longe dos

---

[91] Andrei Platónov, *Chevengur* (trad. Anthony Olcott, Ann Arbor, Ardis, 1978). *Chevengur* só foi publicado como romance em russo quando uma versão parcial apareceu nessa língua em 1972. Uma versão russa mais completa foi publicada em 1988; Fredric Jameson, *The Seeds of Time* (Nova York, Columbia University Press, 1994), p. 79 [ed. bras.: *As sementes do tempo*, trad. José Rubens Siqueira

88 | Camarada

camaradas disciplinados e corajosos que associamos aos partidos comunistas, os camaradas de Platónov são massas destituídas que não dispõem de nada além de uns aos outros. Ele apresenta essas massas como recém-chegadas a Chevengur, a aldeia na estepe que alcançou o comunismo. Escreve:

> Os novos chevengurianos não dispunham de alegrias diante deles, tampouco esperavam alguma, e assim permaneciam satisfeitos com aquilo que todas as pessoas desprovidas de propriedades possuem, uma vida compartilhada com pessoas idênticas para eles, companheiros e camaradas para as estradas que percorrem.[92]

Os camaradas aqui são o grau zero de possibilidade, aquilo que fica depois que tudo o mais se foi, restos existindo em ruínas, no lugar negativo do começo. Em vez de tratar a camaradagem como a relação entre os bolcheviques, Platónov utiliza "camarada" em seu romance da mesma maneira que utiliza "comunismo": como uma palavra que existe em um incipiente vocabulário pós-revolucionário de ruptura, anseio, possibilidade e perda. O novo mundo não chegou, mas há novas palavras, palavras que não chegam plenamente a dar conta do presente, ainda mais para quem viveu nas estepes nos últimos anos da Guerra Civil Russa. Isabelle Garo afirma: "Em Chevengur, comunismo é o nome de um mundo que não existe, que pode ser construído e que já está em ruínas. É também uma realidade mais subjetiva que objetiva, ou melhor, é um princípio de subjetivação"[93]. Camaradagem é a relação necessária para construir o novo mundo, uma relação

---

e Maria Elisa Cevasco, São Paulo, Ática, 1997]. Todos os trechos dessas obras citados neste livro são traduções livres.

[92] Andrei Platónov, *Chevengur*, cit., p. 243.

[93] Isabelle Garo, "Chevengur, the Country of Unreal Communism – The October Revolution through the Dialectical Art of Andrei Platonov", *Crisis and Critique*, v. 4, n. 2, nov. 2017, p. 180.

presente na – e caracterizada como – ausência de propriedade, nacionalidade e identidade reconhecível.

Platónov destaca a camaradagem dos "demais" ou "outros" – do povo errante, desprovido de propriedades, sem classe, pós-revolucionário e bastardo. Amontoadas para se aquecer na extremidade da cidade, essas massas seminuas, famintas e órfãs são a pobreza da pobreza. Sua unidade é corpórea, a conglomeração de seus diversos corpos internacionais. A palavra russa para "outros" ou "demais" é *prótchie*. Maria Chehonadskih explica que *prótchie* era usado nos primeiros documentos soviéticos quando a identidade de classe de uma pessoa era desconhecida[94]. *Prótchie* são restos, erros e remanescentes, proletarizados até mesmo de sua identidade de classe. Os *prótchie* sem classe personificam o momento melancólico da revolução[95]. As classes foram dissolvidas. A exploração acabou. Mas a nova sociedade ainda precisa ser construída. A presença dos outros remanescentes perturba as lógicas identitárias: mais do que não terem classe, são desprovidos inclusive de nacionalidade; "o tormento da vida e do trabalho em demasia havia tornado seus rostos não russos"[96]. Um dos bolcheviques de Chevengur vislumbra nesses remanescentes um potencial revolucionário: "É uma classe de primeira qualidade a que você tem aí. Basta conduzi-la adiante que ela não vai nem chiar. Aqui estão seus proletários internacionais. Veja só! Eles não são russos, não são armênios, não são tártaros [...] não são ninguém!"[97].

---

[94] Maria Chehonadskih, *Soviet Epistemologies and the Materialist Ontology of Poor Life: Andrei Platonov, Alexander Bogdanov and Lev Vygotsky* (tese de pós-doutorado, Centre for Research in Modern European Philosophy, Universidade de Kingston, 2017), p. 139.

[95] Ver Artemy Magun, *Negative Revolution* (Londres, Bloomsbury, 2013).

[96] Andrei Platónov, *Chevengur*, cit., p. 231.

[97] Ibidem, p. 232.

90 | Camarada

Os outros se caracterizam pela perda, por não serem absolutamente ninguém[98]. Os demais carecem de uma identidade russa discernível – o rosto deles é internacional, rosto de nômades e mongóis[99]. Eles não têm militância[100]. Não são organizados. Mas sua camaradagem reserva um lugar para algo que se assemelha a um futuro. Seu estado de total destituição não produziu indivíduos atomizados, isolados em seus interesses egoístas, mas a camaradagem como o grau zero de relacionalidade necessário para seguir adiante. Se o comunismo é possível, é porque a abolição das classes e da propriedade permite aos camaradas recomeçar do zero.

A camaradagem dos outros remanescentes é um efeito de sua destituição. Escreve Platónov:

> Os outros haviam feito de si mesmos pessoas de designação desconhecida; além disso, esse exercício de resistência e recursos internos do corpo tinha criado nos outros não apenas uma mente repleta de

---

[98] Mao também identificou um potencial revolucionário na "pobreza e no caráter de folha em branco do povo chinês". Como explica Pang Laikwan: "Por ser 'pobre e como uma folha em branco' e desprovido de todas as etiquetas de identidade, o sujeito maoísta torna-se um veículo vazio pronto para ser investido de vontade revolucionária, para que ele ou ela possa se engajar nas mais ferozes lutas e trazer à tona transformações históricas aparentemente impossíveis". Pang Laikwan, "Dialectical Materialism", em Christian Sorace, Ivan Franceschini e Nicholas Loubere (orgs.), *The Afterlives of Chinese Communism* (Londres, Verso, 2019).

[99] Maria Chehonadskih sublinha que Platónov assume uma perspectiva anticolonial que rompe com a imagem de uma classe trabalhadora branca (comunicação pessoal com a autora).

[100] Essa falta de militância distingue os outros de Platónov do movimento dos camaradas em Natal, na África do Sul, no fim da década de 1980. Em entrevistas, jovens militantes sul-africanos expressaram "um forte sentimento de 'não ter nada'". No entanto, mesmo que não tivessem nada – nem emprego, nem educação, nem comida, nem saída –, eles de fato tinham uma cultura militarizada de resistência e um senso de solidariedade social. Ari Sitas, "The Making of the 'Comrades' Movement in Natal, 1985-1991", *Journal of South African Studies*, v. 18, n. 3, set. 1992, p. 629-41 (as aspas em "um forte sentimento de 'não ter nada'" encontram-se na p. 634).

O camarada genérico | 91

curiosidade e dúvida, como também uma agilidade de sentir-se capaz de trocar a felicidade eterna por um camarada que fosse um deles, uma vez que esse camarada não tinha pai nem propriedade alguma e, ainda assim, era capaz de fazer com que um homem esquecesse ambos – e em seu interior os outros ainda carregavam esperança, uma esperança que era confiante e bem-sucedida, mas triste como a perda. A precisão dessa esperança era a seguinte: se o principal – permanecer vivo e inteiro – fosse realizado com sucesso, então tudo o mais seria realizado, mesmo que fosse necessário reduzir o mundo a sua última sepultura.[101]

Os camaradas nos permitem esquecer o *status* que o mundo nos confere: nascimento, família, nome, classe. Na ausência dessas relações, os camaradas desenvolvem um reflexo de solidariedade que vai além da felicidade pessoal. Escrevendo sobre *Chevengur*, McKenzie Wark comenta: "Camaradas são aqueles com quem compartilhamos a tarefa de vida de sustentar sua relação impossível com um mundo recalcitrante. Tudo o que podemos compartilhar são os mesmos desafios, e só somos camaradas quando compartilhamos todos eles"[102]. A miséria compartilhada daqueles que a enfrentam contém esperança.

Há uma estranha oposição entre as palavras alemã e russa para camarada. A palavra em alemão, *Genosse*, está vinculada ao verbo *geniessen*, desfrutar[103]. Ela está associada ao uso ou desfrute partilhado de algo, tendo uma relação comum com a propriedade nos moldes de um direito de uso, de usufruto[104]. A palavra russa para

---

[101] Robert Chandler, tradução não publicada, em Maria Chehonadskih, *Soviet Epistemologies and the Materialist Ontology of Poor Life*, cit., p. 137; ver Andrei Platónov, *Chevengur*, cit., p. 231.

[102] McKenzie Wark, *Molecular Red* (Londres, Verso, 2015), p. 106.

[103] Devo esta sacada a David Riff.

[104] Herbert Bartholmes, *Bruder, Bürger, Freund, Genosse und andere Wörter der sozialistischen Terminologie: wortgeschichtliche Beiträge, Göteborger germanistische Forschungen Acta Universitatis Gothoburgensis* (Wuppertal-Barmen, Hammer, 1970), v. 11, p. 175.

92 | Camarada

camarada, *tovarish*, vem de *tovar*, que se refere a um bem à venda, uma mercadoria. A oposição entre as origens dessas palavras parece evidente em *Chevengur*. Platónov opõe propriedade e camaradagem. A aquisição de propriedade leva à perda da camaradagem; as pessoas depositam sua energia nas coisas, e não umas nas outras. Escreve Platónov:

> Quando a propriedade fica entre as pessoas, as pessoas calmamente despendem seus poderes preocupando-se com essa propriedade, mas quando não há absolutamente nada entre as pessoas, aí elas passam a não se separar, protegendo umas às outras do frio enquanto dormem.[105]

A camaradagem decorre da ausência de propriedade, não de seu uso nem de seu desfrute compartilhado. Como diz um dos personagens do romance: "E digo a você que só somos todos camaradas enquanto houver problemas idênticos para todos. Assim que houver pão e propriedade, ora, você nunca conseguirá arrancar um homem disso!"[106].

Essa oposição inicial entre as origens alemã e russa de "camarada" talvez seja apressada demais. O tratamento dado por Platónov a *prótchie* introduz outro tipo de propriedade, a autopropriedade coletiva dos desprovidos de propriedade:

> Talvez esses proletários e demais servissem uns aos outros na condição de única propriedade e valor na vida uns dos outros e, por isso, se olhavam com tanta preocupação, não prestando tanta atenção a Chevengur, e cuidadosamente resguardavam seus camaradas das moscas, assim como a burguesia havia certa vez protegido suas casas e seu gado.[107]

---

[105] Andrei Platónov, *Chevengur*, cit., p. 225.
[106] Ibidem, p. 141.
[107] Ibidem, p. 228.

Não tendo nada além de uns aos outros, os demais não deixam, contudo, de ter algo, algo para proteger e cuidar. A fisicalidade íntima de espantar as moscas nos apresenta uma camaradagem dos destituídos na qual as coisas (*tovary*) desfrutam (*geniessen*) umas das outras; os camaradas praticam um autodesfrute coletivo, um usufruto coletivo do coletivo. Para que haja comunismo, os camaradas precisam desfrutar uns dos outros, recusando-se a deixar que a propriedade tome o lugar do outro.

Em *Chevengur*, o bolchevique Chepurny teme que as mulheres possam colocar em risco a preservação da Chevengur soviética. Ele insiste, assim, em mulheres camaradas, em mulheres com as quais os homens se relacionarão como camaradas, não por desejo de sexo e descendência.

> Chepurny estava disposto a receber qualquer mulher em Chevengur, contanto que seu rosto estivesse marcado pela tristeza da pobreza e pelos anos de trabalho. Assim, tal mulher seria adequada apenas para camaradagem, não criaria diferenças em meio às massas oprimidas e provavelmente não despertaria aquela consciência dispersiva de amor entre os bolcheviques solitários.[108]

Como todos os outros remanescentes, as camaradas mulheres são pobres, exaustas, tristes e carecidas. Elas não são diferentes de ninguém – é o que faz delas camaradas.

A camaradagem melancólica de Platónov nos ajuda a iluminar a formalização da falta de identidade, nacionalidade, classe e propriedade em uma relação política. A camaradagem dos outros não é uma abundância imaginária de felicidade e bem-estar. Pelo contrário, é o grau mínimo de relação necessário para a resistência, para a esperança. A camaradagem é uma condição necessária para o comunismo: o coletivo dos que desfrutam uns dos outros

---

[108] Ibidem, p. 211.

94 | Camarada

se recusa a deixar a propriedade tomar o lugar deles. A negação de identidade, nacionalidade, classe e propriedade produz algo novo, um novo espaço de relação que exerce uma pressão própria. Camarada é o grau zero do comunismo.

Žižek argumenta que "o grau zero nunca está 'ali', ele só pode ser experimentado retroativamente, como a pressuposição de uma nova intervenção política, de impor uma nova ordem"[109]. Em *Chevengur*, isso se evidencia na maneira como os demais são com frequência apresentados, de acordo com a perspectiva da pressa bolchevique de Chepurny em construir o comunismo. A voz narrativa do romance resiste deliberadamente a ser localizada; ela não é uma descrição objetiva dos fatos nem a percepção subjetiva de um único personagem[110]. As descrições dos demais se fundem com narrações dos pensamentos e desejos de Chepurny e transbordam para suas próprias reflexões. Por exemplo: "Chepurny percebeu que, em troca da estepe, das casas, dos alimentos e das roupas que a burguesia havia adquirido para si própria, os proletários da colina tinham uns aos outros, pois todo homem precisa ter alguma coisa"[111]. Para Chepurny, aqueles da colina ainda não apareceram como outros sem classe; ele os vê como proletários, como a força que trará à tona o futuro. É a partir da posição desse futuro comunista – que já está sendo construído em Chevengur – que a destituição dos outros remanescentes se manifesta como camaradagem. Da perspectiva do comunismo, a desolação não

---

[109] Slavoj Žižek, *Less Than Nothing* (Londres, Verso, 2013), p. 967 [ed. bras.: *Menos que nada: Hegel e a sombra do materialismo dialético*, trad. Rogério Bettoni, São Paulo, Boitempo, 2013]. Os trechos de *Less Than Nothing* citados pela autora não constam da versão brasileira reduzida publicada pela Boitempo. Assim, as citações que constam deste livro são traduções livres.

[110] Ver Valery Podoroga, "The Eunuch of the Soul", *South Atlantic Quarterly*, v. 90, n. 2, 1991, p. 357-407.

[111] Andrei Platónov, *Chevengur*, cit., p. 225.

é o fim, é uma abertura para algo que não tínhamos condições de compreender antes; neste caso, a presença da coisa que existe quando tudo o mais está perdido: a camaradagem. O camarada é o grau zero do comunismo porque designa a relação entre aqueles que se encontram do mesmo lado da luta para produzir relações sociais livres, justas e iguais, relações desprovidas de exploração. Sua relação é política, é divisora. E é íntima, entrelaçada com a sensação de quão desesperadamente cada um depende do outro para que todos perseverem.

Indiferente às especificidades individuais contidas no conceito, camarada é uma figura de pertencimento político, uma forma de tratamento e um portador de expectativas para a ação. Como figura de pertencimento político, diz respeito à relação entre aqueles que se encontram do mesmo lado de uma luta. Como tratamento, refere-se àqueles engajados em lutas igualitárias emancipatórias por socialismo e comunismo. E, como argumentado no próximo capítulo, na condição de portador de expectativas para a ação, camarada engendra a disciplina, a alegria, o entusiasmo e a coragem do trabalho político coletivo.

3
QUATRO TESES SOBRE O CAMARADA

A história das ideias políticas é povoada por uma série de figuras. Durante séculos, teóricos políticos buscaram explicar o poder e seu exercício por meio de exposições de deveres e obrigações, virtudes e atributos de figuras políticas específicas. Maquiavel tornou famosa a figura do Príncipe (embora ele não tenha sido o único a escrever para ou sobre príncipes). Há inúmeros tratados sobre reis, monarcas e tiranos. Teóricos políticos investigaram cidadão e estrangeiro, vizinho e desconhecido, senhor e vassalo, amigo e inimigo. Suas indagações se estendem ao domicílio: senhor e escravo, marido e mulher, pai e filho, irmã e irmão. E também abarcam o local de trabalho: professor e aluno, burguês e proletário. No entanto, apesar de todas essas figurações do poder, abordando sua geração, seu exercício e seus limites, não há nenhum tratamento dedicado ao camarada. O camarada não aparece.

A ausência do camarada na teoria política estadunidense, para usar um caso específico, talvez seja um legado da Guerra Fria. Ao traçar a história do impacto do macarthismo na disciplina de filosofia nos Estados Unidos, John McCumber observa como o campo da filosofia política ficou desaparecido por vinte anos[1]. A filosofia política acadêmica só foi ressurgir em 1971 com a

---

[1] John McCumber, *Time in the Ditch: American Philosophy in the McCarthy Era* (Evanston, Northwestern University Press, 2001), p. 38-9.

publicação da *Teoria da justiça*, de John Rawls, um livro que subordinava a política a questões de justificação moral e ocultava questões políticas e sociais reais sob um véu de ignorância. Mas a Guerra Fria não explica por que tão poucos teóricos socialistas e comunistas se dedicaram a produzir tratados sistemáticos a respeito das características e expectativas dos camaradas. Talvez falte ao "socialismo científico" uma investigação rigorosa sobre o camarada porque o pensamento socialista e comunista não oferece uma teologia política da soberania ou uma comunhão humanista de toda a humanidade. Ele não fornece elaboradas histórias de origem, optando por se concentrar em histórias de conflito e luta. Os partidos socialistas e comunistas nascem de divisões e cismas, acontecimentos simultâneos de começo e fim de camaradagem.

Uma exceção a essa ausência geral de teoria do camarada pode ser encontrada nos escritos da teórica bolchevique Aleksandra Kollontai. Outra exceção é a do escritor literário soviético Maksim Górki. Embora nenhum dos dois forneça uma explicação sistemática ou analítica do camarada enquanto figura de pertencimento político, eles nos oferecem uma abertura afetiva para a promessa utópica da camaradagem.

Tese um: "Camarada" dá nome a uma relação caracterizada por uma condição comum, pela igualdade e pela solidariedade. Para os comunistas, a condição comum, a igualdade e a solidariedade são utópicas, rompendo as determinações da sociedade capitalista.

Em seus escritos sobre prostituição, sexo e família dos primeiros anos da revolução bolchevique, Kollontai apresenta a camaradagem e a solidariedade como sensibilidades necessárias para a construção de uma sociedade comunista. Ela associa a camaradagem a um "sentimento de pertencimento", uma relação entre trabalhadores comunistas livres e iguais[2]. No capitalismo, os trabalhadores não são automaticamente camaradas. O capitalismo tenta separá-los e torná--los competitivos, egoístas e temerosos. O comunismo abole essas condições. "Em vez da família individual e egoísta, desenvolver-se--á uma família de trabalhadores, na qual todos os trabalhadores, homens e mulheres, serão, sobretudo, camaradas", escreve Kollontai[3]. "Camarada" aponta para um modo de pertencimento oposto ao isolamento, à hierarquia e à opressão das formas burguesas de relação, particularmente do trabalho e da família sob o capitalismo. Trata--se de uma modalidade caracterizada por igualdade, solidariedade e respeito; a coletividade substitui o egoísmo e a presunção. A palavra russa para "camarada", *tovarish*, é masculina, mas seu poder é tal que liberta as pessoas das amarras da gramática. Um livro soviético sobre linguagem literária publicado em 1929 dá o exemplo de uma "camarada irmã", formulação que soa engraçada em russo, mas evoca a nova linguagem e as novas emoções da revolução[4].

Para Kollontai, a camaradagem é um princípio fundamental da moralidade proletária; ela constitui a chave para a "reeducação radical de nossa psique" sob o comunismo. A camaradagem engendra novos sentimentos, de modo que as pessoas deixam de se sentir desiguais e compelidas a se submeter. Agora, elas são "aptas à liberdade em vez de estarem limitadas por um senso de propriedade, aptas à camaradagem em vez de desigualdade e submissão"[5].

---

[2] Aleksandra Kollontai, "New Woman" [1918], em *The Autobiography of a Sexually Emancipated Communist Woman* (trad. Salvator Attansio, Freiburg im Breisgau, Herder and Herder, 1971).

[3] Idem, "Communism and the Family" [1920], republicado em *Selected Writings of Alexandra Kollontai* (trad. Alix Holt, Londres, Allison & Busby, 1977).

[4] Devo a Maria Chehonadskih esse exemplo, que se encontra em G. O. Vinokur, *Kul'tura iazyka* (Moscou, 1929).

[5] Aleksandra Kollontai, "Sexual Relations and the Class Struggle", republicado em *Selected Writings of Alexandra Kollontai*, cit.

100 | Camarada

Maksim Górki tem um conto do início do século XX, publicado em inglês em 1906 no *Social Democrat*, intitulado simplesmente "Camarada". A história atesta o poder vivificante do termo. Górki apresenta "camarada" como uma palavra que "veio para unir o mundo inteiro, para erguer todos os homens aos cumes da liberdade e atar com novos laços, os laços fortes do respeito mútuo"[6]. A história retrata uma cidade sombria e "torturante"; uma cidade de hostilidade, violência, humilhação e raiva onde os fracos se submetem ao domínio dos fortes. Em meio a esse sofrimento miserável, uma palavra ressoa: "camarada"! As pessoas deixam de ser escravas. Recusam-se a se submeter. Tomam consciência de sua força. Reconhecem que elas próprias são a força da vida.

Quando as pessoas dizem "camarada", elas mudam o mundo. Um dos exemplos de Górki é a prostituta que sente a mão de alguém em seu ombro e depois chora de alegria ao se virar e ouvir a palavra "camarada". Com essa palavra, ela é interpelada não como um objeto que se vende enquanto mercadoria a ser usufruída por outro, mas como uma igual na luta comum contra as próprias condições que exigem a conversão de tudo em mercadoria. Outros exemplos apresentados são um mendigo, um cocheiro e um grupo de jovens combatentes – para todos eles, "camarada" brilha como uma estrela que os guia para o futuro. Assim como Kollontai, Górki associa "camarada" à liberdade em relação à servidão e à opressão, associa "camarada" à igualdade. Ambos apresentam o camarada em oposição à exploração egoísta, à hierarquia, à concorrência e à miséria próprias do capitalismo. E, assim como Kollontai, Górki vincula a camaradagem a uma luta por (e a uma visão de) um futuro em que todos serão camaradas.

Celebrações igualmente românticas das relações entre camaradas também animam as páginas do jornal estadunidense *The*

---

6   Maksim Górki, "Comrade", *Social Democrat*, v. X, n. 8, ago. 1908, p. 509-12.

Comrade, publicado entre 1901 e 1905. *The Comrade* era uma publicação mensal ilustrada voltada a socialistas de classe média dotados de consciência ética. Trazia poemas, contos, artigos sobre a indústria e as condições das classes trabalhadoras, traduções de socialistas europeus e ensaios autobiográficos como "How I Became a Socialist" [Como me tornei socialista]. Inspirado em parte pelo "masculino amor dos camaradas"* de Walt Whitman, o jornal ecoa o homoerotismo, a homossocialidade e o aspecto *queer* celebratório de Whitman[7]. Relações camaradas são relações de novo tipo, relações que rompem as amarras da família, do heteropatriarcado e do binarismo de gênero. Um dos contos do jornal, "The Slave of a Slave" [O escravo de um escravo], é um bom exemplo disso: no vernáculo da época, a protagonista é uma *tomboy* que tenta salvar uma pobre mulher de seu marido brutal e, ao fracassar, expressa gratidão ao perceber que ela mesma nunca será uma mulher[8]. Hoje, quem sabe poderíamos reconhecer a protagonista como uma orgulhosa pessoa trans.

O periódico *The Comrade* trazia poemas enaltecendo o camarada e a camaradagem. No poema "A Song of To-Morrow" [Uma canção do amanhã], George D. Herron sonha que o "amor-camarada inundará o mundo"[9]. O poema de Edwin Markham, "The Love of Comrades" [O amor de camaradas], evoca abelhas-camaradas. Outro poema de Herron transforma camarada em sufixo: dia-camarada, casa-camarada, marcha-camarada,

---

* Walt Whitman, "Para ti Ó Democracia", em *Folhas na relva: edição de leito de morte* (trad. Bruno Gambarotto, São Paulo, Hedra, 2011). (N. T.)

[7] Ver também Juan A. Herrero Brasas, *Walt Whitman's Mystical Ethics of Comradeship* (Albany, Suny Press, 2010) e Kirsten Harris, *Walt Whitman and British Socialism: "The Love of Comrades"* (Nova York, Routledge, 2016).

[8] Amy Wellington, "The Slave of a Slave", *Comrade*, v. 1, n. 6, 1901, p. 128.

[9] George D. Herron, "A Song of To-Morrow", *Comrade*, v. 3, n. 4, 1903, p. 83.

102 | Camarada

futuro-camarada, estrelas-camarada[10]. O artista plástico construtivista russo Aleksander Rodchenko amplia ainda mais o campo da camaradagem, incluindo objetos camaradas, coisas camaradas. Em 1925, durante sua estadia em Paris, ele escreveu:

> A luz do Oriente não é apenas a libertação dos trabalhadores, a luz do Oriente reside na nova relação com a pessoa, com a mulher, com as coisas. As coisas em nossas mãos devem ser iguais, camaradas, não esses escravos negros e soturnos como se apresentam aqui.[11]

O escritor soviético Andrei Platónov também acena para um sol e umas estrelas camaradas, plantas camaradas, para o lombo camarada de um cavalo[12]. Como observa Oxana Timofeeva: "Nos escritos de Platónov, não só os humanos, mas todas as criaturas vivas, incluindo as plantas, são inundados pelo *desejo por comunismo*"[13].

Esses exemplos colhidos de autores soviéticos e do periódico *The Comrade* vinculam a camaradagem a um futuro caracterizado por igualdade e pertencimento, por um amor e um respeito entre iguais tão grande que não podem ser contidos nas relações humanas e transbordam para incluir insetos e galáxias (abelhas e estrelas) e os próprios objetos[14]. "Camaradas" marca a divisão

---

[10] Idem, "From Gods to Men", *Comrade*, v. 1, n. 4, 1901, p. 97.

[11] Robert Bird, Christina Kiaer e Zachary Cahill (orgs.), *Revolution Every Day: A Calendar 1917-2017* (Milão, Mousse, 2017). Entrada de 9 de abril. Publicado originalmente em *Novyi LEF*, n. 2, 1927, p. 19 (trad. Robert Bird e Christina Kiaer). Ver também Olga Kravets, "On Things and Comrades", *ephemera*, v. 13, n. 2, 2013, p. 421-36. [A tradução seguiu termos utilizados pelo próprio Aleksander Rodchenko. – N. T.]

[12] McKenzie Wark também observa como Platónov faz um "tratamento pungente e sutilmente molecular da vida cotidiana proletária, entre rochas, animais e plantas – como camaradas". McKenzie Wark, *Molecular Red* (Londres, Verso, 2015), p. 67.

[13] Oxana Timofeeva, *History of Animals* (Londres, Bloomsbury, 2018), p. 167.

[14] Ver também Stevphen Shukaitis, "Can the Object Be a Comrade?", *ephemera*, v. 12, n. 2, 2013, p. 437-44.

entre o mundo de miséria que existe e o mundo comunista igualitário que existirá.

Tal como a história revolucionária soviética e o homossocialismo de inspiração anglo-americana de Whitman do início do século XX, a palavra chinesa para camarada, *tongzhi*, também substitui as designações hierárquicas e de gênero da relação por um "ideal de igualitarismo e utopismo"[15]. No chinês contemporâneo, *tongzhi* também significa "gay". De acordo com Hongwei Bao, *tongzhi* é intrinsecamente *queer*: o termo

> mapeia as relações sociais de uma forma nova, uma forma que abre a estrutura tradicional de família e parentesco para relações e conexões entre estranhos que compartilham as mesmas perspectivas políticas, transformando intimidade privada em intimidade pública".[16]

Os camaradas *queer* de Bao ressoam com a leitura que Jason Frank faz do *éthos* de camaradagem presente nos poemas do Cálamo [conjunto de poemas no interior de *Folhas na relva*] de Whitman, nos quais relações eróticas de camaradagem desestabilizam e superam "diferenças identitárias de localidade, etnia, classe e ocupação, sexo, raça e sexualidade"[17].

Kollontai, Górki e seus camaradas *queer* inspiram a primeira tese sobre o camarada: camarada é uma figura genérica e igualitária – e, para comunistas e socialistas, utópica – de relação política. A dimensão igualitária do camarada nomeia uma relação que perpassa as determinações do presente. Esse sentido de

---

[15] Hongwei Bao, "'Queer Comrades': Transnational Popular Culture, Queer Sociality, and Socialist Legacy", *English Language Notes*, v. 49, n. 1, primavera/verão 2011, p. 132.

[16] Idem.

[17] Jason Frank, "Promiscuous Citizenship", em John Seery (org.), *A Political Companion to Walt Whitman* (Lexington, University Press of Kentucky, 2011), p. 164.

"camarada" transparece na conclusão de *Os condenados da terra*, quando Frantz Fanon interpela repetidamente seus leitores como camaradas: "Vamos, camaradas, o jogo europeu está definitivamente terminado, é necessário encontrar outra coisa"; e, na última frase do livro: "Pela Europa, por nós mesmos e pela humanidade, camaradas, temos de mudar de procedimento, desenvolver um pensamento novo, tentar colocar de pé um homem novo"[18]. "Camarada" é a forma de tratamento apropriada para essa empreitada. Forma igualitária, genérica, abstrata e, em um contexto de hierarquia, fragmentação e opressão, utópica.

Os comunistas não são os únicos a sublinhar a dimensão utópica do camarada. Em *Homenagem à Catalunha*, George Orwell descreve Barcelona em 1936, durante a Guerra Civil Espanhola, em termos de uma camaradagem utópica. No cenário anarquista revolucionário de Barcelona, ele nos diz: "As formas servis e até mesmo cerimoniosas de tratamento tinham desaparecido temporariamente. Ninguém mais dizia 'señor', ou 'don', ou mesmo 'usted'; todos chamavam uns aos outros de 'camarada' e 'tú', depois diziam 'salud!' em vez de 'buenos días'"[19].

Hoje, em um ambiente cada vez mais nacionalista e autoritário, intensamente competitivo, desigual e miserável, em um mundo de exaustão antropocênica, é difícil recapturar a esperança, a futuridade e o sentido de luta compartilhada que faziam parte de uma tradição revolucionária anterior. O que é, então, a camaradagem para nós? Minha aposta ao longo deste livro é a de que

---

[18] Frantz Fanon, *The Wretched of the Earth* (trad. Richard Philcox, Nova York, Grove, 2004), p. 236 e 239 [ed. bras.: *Os condenados da terra*, trad. José Laurênio de Melo, Rio de Janeiro, Civilização Brasileira, 1968, p. 272 e 275].

[19] George Orwell, *Homage to Catalonia* (San Diego, Harcourt Brace, 1952), p. 5 [ed. bras.: *Homenagem à Catalunha: a luta antifascista na Guerra Civil Espanhola*, trad. Claudio Alves Marcondes, São Paulo, Companhia das Letras, 2021]. Todos os trechos da obra citados neste livro são traduções livres.

um ensaio especulativo-compositivo da camaradagem, que destila elementos comuns de vários usos do termo como forma de tratamento, figura de pertencimento e recipiente para expectativas compartilhadas, pode nos fornecer uma visão da relação política necessária para o presente. Camaradas são mais que sobreviventes e mais que aliados. São aqueles que se encontram do mesmo lado de uma luta por um mundo igualitário emancipado.

Tese dois: Qualquer um, mas nem todo mundo, pode ser um camarada.

Quem é o camarada? Essa é a pergunta que deflagra a primeira cena de Greta Garbo no filme *Ninotchka* (1939), de Ernst Lubitsch[20]. Iranoff, Buljanoff e Kopalski são três agentes soviéticos menores enviados a Paris para organizar a venda de joias confiscadas dos aristocratas russos. Infelizmente eles acabam se rendendo a tentações burguesas e se corrompendo com as extravagâncias da riqueza parisiense, vestindo ternos caros e bebendo champanhe. Moscou fica sabendo disso e envia um camarada para dar um jeito neles. Quando a cena começa, Iranoff, Buljanoff e Kopalski estão na estação de trem esperando para se encontrar com o camarada. Mas quem é o camarada? "Como vamos encontrar alguém sem saber sua aparência?", indaga Kopalski. Fitando os transeuntes, Iranoff pensa ter visto o camarada: "Deve ser esse!". Buljanoff concorda: "Sim. Ele parece ser um camarada". Mas as aparências enganam. À medida que os três se aproximam dele, o sujeito que eles identificaram cumprimenta alguém: "*Heil* Hitler!". Iranoff balança a cabeça e diz: "Esse não é ele". Qualquer um podia ser o camarada deles. Mas nem todo mundo. Algumas pessoas obviamente não são camaradas. São inimigos. Iranoff, Buljanoff e Kopalski

---

[20] Devo esse exemplo a Oxana Timofeeva.

não conseguem descobrir quem é camarada deles só de olhar para a pessoa. Identidade não tem nada a ver com camaradagem.

Enquanto se perguntam o que vão fazer, os três são abordados por uma mulher (Greta Garbo). Ela se identifica como Nina Ivanova Yakushova, emissária extraordinária. Kopalski e Iranoff mencionam a surpresa pelo fato de Moscou ter enviado uma "camarada mulher". Se soubessem, teriam levado flores. Yakushova os adverte: "Não deem importância ao fato de eu ser mulher. Estamos aqui para trabalhar, todos nós". O fato de ela ser mulher deve ser desconsiderado. Mais uma vez, identidade não tem nada a ver com camaradagem – é sobre trabalho, o trabalho de construir o socialismo.

A noção de que qualquer um, mas nem todo mundo, pode ser um camarada reforça o modo pelo qual "camarada" dá nome a uma relação que é, ao mesmo tempo, uma divisão. A camaradagem tem como premissa a inclusão e a exclusão: qualquer um, mas nem todo mundo, pode ser um camarada. Não é uma relação infinitamente aberta ou flexível: trata-se de uma relação que pressupõe divisão e luta. Existe um inimigo. Mas, ao contrário da descrição clássica de Carl Schmitt do político em termos da intensidade do antagonismo entre amigo e inimigo, a camaradagem não diz respeito ao inimigo. O fato do inimigo, da luta, é a condição ou o cenário da camaradagem, mas não determina a relação entre os camaradas. Camaradas são aqueles que se encontram do mesmo lado da divisão. Em relação a essa divisão, eles são o mesmo. Sua condição comum é a de se encontrar de um mesmo lado. Dizer "camarada" é anunciar um pertencimento, e a condição comum que decorre de estar do mesmo lado.

Essa condição comum aparece não apenas na relação entre camaradas de partido, como também na expressão militar "camarada de armas". "Camarada de armas" designa aqueles que lutam do mesmo lado contra um inimigo, outro exército ou outro conjunto de camaradas de armas. Em seu prefácio a

Os condenados da terra, Jean-Paul Sartre escreve: "Para cada irmão, ela [a nação] está em toda a parte onde outros irmãos combatem. Seu amor fraternal é o inverso do ódio que eles nos votam"[21]. O deslizamento de Sartre à linguagem da fraternidade traz à tona os tons étnicos e de sangue subjacentes à nação ocultados pelo termo "amigo" de Schmitt. Sartre nos adverte não só da relação comum que os camaradas de armas têm em relação ao inimigo (o odiado, aquele a ser abatido), não apenas de como os camaradas de armas estão do mesmo lado, mas também da distinção entre o camarada de armas e o camarada como figura de pertencimento à tradição política socialista e comunista: a solidariedade dos camaradas neste último sentido não é um ódio invertido. Como vimos com Kollontai e Górki, trata-se de uma resposta à fragmentação, à hierarquia, ao isolamento e à opressão. Por estarem do mesmo lado, os camaradas confrontam e rejeitam a fragmentação, a hierarquia, o isolamento e a opressão com o poder igualitário do pertencimento.

Reiterando: o fato de que qualquer um, mas nem todo mundo, pode ser um camarada sublinha como a camaradagem designa uma relação e uma divisão – nós e eles –, uma relação política, mas que não é a mesma que aquela existente entre amigo e inimigo, uma relação que Schmitt apresenta como sendo uma relação estatal absoluta e exclusiva. Em vez disso, existe um espaço de possibilidade: qualquer um pode ser camarada, mas nem todo mundo. E há um espaço de não pertencimento: o fato de você não ser meu camarada não significa que seja necessariamente meu inimigo. Você pode ser um espectador, alguém não engajado politicamente, um aliado com interesses próprios que temporariamente batem com os meus, alguém que pode vir a ser um camarada.

---

[21] Jean-Paul Sartre, prefácio a Frantz Fanon, *The Wretched of the Earth*, cit., p. xliii-lxii e lvi [ed. bras.: *Os condenados da terra*, cit., p. 15].

Genérico, não único

A relação entre camaradas não é de parentesco. Ninguém nasce camarada. "Camarada" designa uma relação que difere daquela entre irmãos, irmãs, pais e filhos, cônjuges ou primos. Parentes podem se opor politicamente (e muitas vezes o fazem); podemos ter um parentesco de sangue sem compartilhar uma mesma perspectiva política. Isso também vale para o casamento. As pessoas podem se esposar sem serem camaradas. Ao mesmo tempo, é famosa a frase de Frida Kahlo a respeito de Diego Rivera, com quem se casou duas vezes: "Diego não é marido de ninguém e nunca será, mas é um grande camarada"[22].

Em sua história do movimento trabalhista britânico, *Comrade or Brother?* [Camarada ou irmão?], Mary Davis observa que "a camaradagem se baseia na fraternidade, mas a transcende"[23]. A naturalidade com que é possível chamar alguém de "irmão" em sindicatos predominantemente masculinos expressa solidariedade, mas também aponta para os desafios que o movimento trabalhista tem enfrentado no que diz respeito a raça e gênero. Dirigir-se a outra pessoa como "camarada" não é o mesmo que abordá-la como "irmão" ou "irmã", termos que imediatamente exigem a atribuição de uma identidade de gênero. Irmão e irmã dependem de um imaginário familial, seja o da família nuclear ou extensa, o da irmandade humanista ou o da família da humanidade. Ao contrário das versões familiais, em que a rivalidade fundamenta a relação entre irmãos ou irmãs e um desejo de derrotar, substituir e talvez até possuir ou devorar infunde a relação da criança com seus pais, "camarada" denota uma igualdade achatada, condição

---

[22] Hayden Herrera, "Frida Kahlo: Life into Art", em David Suchoff e Mary Rhiel (orgs.), *The Seductions of Biography* (Nova York, Routledge, 1996), p. 115.
[23] Mary Davis, *Comrade or Brother? A History of the British Labour Movement* (2. ed., Londres, Pluto, 2009), p. 289.

comum, impessoalidade e reciprocidade. O desejo não é de superar ou substituir, mas de apoiar e ser apoiado, não decepcionar e não ser decepcionado. O desejo é de coletividade.

Da mesma maneira que a relação entre camaradas não é mediada por sangue ou casamento, ela também não é mediada por herança, característica constitutiva do investimento do Estado na relação de parentesco. Em vez de transmitir propriedades e privilégios, o camarada bate de frente com eles, rompendo suas hierarquias com uma insistência em igualdade e na necessidade mútua. Em *Chevengur*, Chepurny, o chefe do Comitê de Ação Revolucionária de Chevengur, insiste na diferença entre camaradas e irmãos:

> Camaradas [...] Prokofy chamou vocês de irmãos e de família, mas isso é simplesmente uma mentira, porque todos os irmãos têm um pai, e nós somos os muitos que desde o início da vida tiveram uma distinta ausência de pai. Não somos irmãos, somos camaradas. Afinal, vocês vieram aqui como vocês são, e nós somos os bens e os objetos de valor uns dos outros, já que não temos outra propriedade móvel ou imóvel.[24]

A passagem apresenta a camaradagem como uma relação entre os deserdados, o "povo bastardo" desprovido de propriedade que não tem nada além de uns aos outros[25]. As relações familiares envolvem propriedade, posse e transmissão de sangue, nome e posição. A camaradagem, como explorei no segundo capítulo, é uma relação material entre aqueles que precisam uns dos outros

---

[24] Andrei Platónov, *Chevengur* (trad. Anthony Olcott, Ann Arbor, Ardis, 1978), p. 228.

[25] Maria Chehonadskih usa essa formulação em sua tese *Soviet Epistemologies and the Materialist Ontology of Poor Life: Andrei Platonov, Alexander Bogdanov and Lev Vygotsky* (tese de pós-doutorado, Centre for Research in Modern European Philosophy, Universidade de Kingston, 2017).

110 | Camarada

porque não têm mais nada. Chepurny diz: "A propriedade é apenas um benefício que se faz presente, já os camaradas são uma necessidade. Sem camaradas, você não pode conquistar nada e acaba virando um merda"[26]. De fato, ao longo do romance, Platónov opõe propriedade e camaradas. Criticado por não ter "qualificações ou consciência", um personagem responde: "Não temos absolutamente nada [...]. A única coisa que nos resta são as pessoas, e é por isso que contamos com camaradagem". O engajamento concentrado com os outros emerge entre aqueles despreocupados com a propriedade porque não são donos de nenhuma. Os indivíduos que, por sua vez, se consideram autossuficientes dirigem sua atenção à propriedade. Mais para o fim do romance, Platónov escreve: "Ele esqueceu como era precisar de pessoas, então começou a colecionar propriedades no lugar de camaradas"[27]. A relação entre camaradas difere da relação de parentesco porque os camaradas precisam uns dos outros; nas famílias, as pessoas estão presas umas às outras[28].

Da mesma forma, o camarada também não é o vizinho[29]. Viver perto de alguém não faz dessa pessoa seu camarada. Podemos fazer parte da mesma localidade, da mesma comunidade, tribo ou bairro, e, ainda assim, não sermos camaradas. A camaradagem não designa uma relação espacial ou uma obrigação decorrente da proximidade ou da socialidade compartilhada. Quando associada aos comunistas, a figura do camarada assinala movimento político, mobilidade, movimento, cosmopolitismo desenraizado

---

[26] Andrei Platónov, *Chevengur*, cit., p. 213.

[27] Ibidem, p. 188.

[28] Ibidem, p. 326.

[29] Para uma discussão mais complexa da figura do vizinho em suas acepções religiosas, sociopolíticas e matemáticas, ver o verbete "Neighbor", de Kenneth Reinhard, em Barbara Cassin (org.), *Dictionary of Untranslatables: A Philosophical Lexicon* (Princeton, Princeton University Press, 2015), p. 706-12.

e internacionalismo. Essa não rastreabilidade é parte do que faz do camarada uma figura suspeita – camaradas podem muito bem ter relações mais estreitas com aqueles que estão longe que com aqueles que se encontram logo ao lado.

Camarada também não é o mesmo que o próximo, entendido em sentido ético. Não faz sentido dizer "ama teu camarada como a ti mesmo": camaradas não se amam como indivíduos únicos e especiais. Eles subordinam preferências e inclinações individuais a seus objetivos políticos. A relação dos camaradas entre si mesmos é voltada para fora, é orientada para o projeto que eles querem realizar, para o futuro que querem concretizar. Eles valorizam uns aos outros como instrumentos compartilhados em uma luta comum; camaradas são uma necessidade. Žižek apresenta o próximo/o vizinho como pura alteridade, "o abismo impenetrável para além de qualquer identidade simbólica"[30]. Em contraste, a figura do camarada é genérica, trata-se da figura de uma condição comum, a identidade simbólica que compete àqueles que pertencem a um mesmo lado. Žižek observa como, para Lacan, o sujeito é cindido, o sujeito vazio da enunciação e "as características simbólicas que o identificam no interior do ou para o grande Outro (o significante que o representa para outros significantes)"[31]. A dimensão perturbadora do camarada para aqueles que não são camaradas é o aparente colapso dessas duas dimensões. O camarada parece não ser nada além dessa identidade simbólica; o ponto de enunciação é ocupado pelo grande Outro do partido. Em *The Morning Breaks: The Trial of Angela Davis* [Amanhecer: o julgamento de Angela Davis], Bettina Aptheker cita a afirmação do filósofo (e ex-comunista)

---

[30] Slavoj Žižek, *Less Than Nothing* (Londres, Verso, 2012), p. 555 [ed. bras.: *Menos que nada: Hegel e a sombra do materialismo dialético*, trad. Rogério Bettoni, São Paulo, Boitempo, 2013].

[31] Idem.

estadunidense Sidney Hook de que um comunista é, "por definição, incapaz de análise crítica e juízo independente e [é], portanto,
profissionalmente incompetente"[32]. Esse argumento foi usado pelo
Conselho de Regentes da Universidade da Califórnia em uma tentativa de fazer com que Davis fosse demitida de seu cargo de professora de filosofia na UCLA com base no fato de que ela integrava o
Partido Comunista. A tentativa fracassou.

Se "camarada" dá nome a uma relação que é genérica, equalizadora e aberta a qualquer um, mas não a todo mundo, há outra
modalidade de pertencimento político que pode parecer compará-
vel a ela: a saber, a figura do cidadão. Mas ao passo que cidadania
é uma relação mediada pelo Estado, a camaradagem vai além do
Estado. Ela não parte do Estado enquanto modelo. "Camarada"
não designa todos aqueles que nasceram ou residem em determinado território. Há camaradas em todos os cantos do mundo! A
revista socialista estadunidense do início do século XX *The Comrade*
é interessante nesse quesito, pois reúne cartas, discursos, artigos e
outros escritos produzidos por socialistas europeus. Embora oficialmente não façam parte de uma "Internacional", os novos socialistas
estadunidenses enfatizam um movimento político internacional
e filiam-se a ele. A ruptura que o camarada efetua no cidadão
manifesta-se também quando notamos como o Estado teme que
os comunistas sejam traidores, pessoas com lealdades a uma organização que visa derrubar o Estado. Nos Estados Unidos durante a
Guerra Fria (e até hoje na retórica de direita), o termo "camarada"
era utilizado de maneira sarcástica e pejorativa, a fim de acentuar
a perigosa alteridade dos comunistas. O camarada e o cidadão podem, portanto, se apresentar em relação antagônica à medida que a
disciplina do camarada é substituída pela lei do Estado.

---

[32] Bettina Aptheker, *The Morning Breaks: The Trial of Angela Davis* (Nova York,
International, 1975), p. 3.

Quando pensamos no Estado em termos de soberania e no conceito de política ligada a soberania nos termos da distinção schmittiana entre amigo e inimigo, fica patente o que faz da camaradagem algo tão ameaçador ao Estado: a camaradagem mina a identificação prática de amigo e inimigo[33]. Ela rompe essa identificação com novos laços – bem como com máscaras e disfarces, conforme exploro adiante. "Camarada" rejeita a lógica estatal de identificação (documentação, policiamento) e afirma algo mais ambíguo: qualquer um poderia ser um camarada.

A relação entre camaradas não é a mesma que aquela entre amigos. Esse é um ponto crucial hoje, dados os problemas nos meios de esquerda, que podem parecer exclusivistas e ter certo caráter de "panelinha". Pessoas que do contrário estariam do mesmo lado podem acabar não se juntando porque grupos fechados e pouco acolhedores de amigos impedem que elas sintam um senso de pertencimento e de que compartilham algo em comum. Ao mesmo tempo, animosidades pessoais que destroem amizades podem acabar minando o trabalho político dos camaradas. O livro *The Return of Comrade Ricardo Flores Magón* [O retorno do camarada Ricardo Flores Magón], de Claudio Lomnitz, ilustra bem esse ponto. Lomnitz descreve a ambientação do Partido Liberal Mexicano, uma rede transnacional de comunistas libertários revolucionários que operava no México e nos Estados Unidos e que se envolveu na Revolução Mexicana. Os *émigrés* e exilados mexicanos vivendo nos Estados Unidos intercalavam o trabalho político com o trabalho para garantir a sobrevivência sob as condições capitalistas. Ao dedicarem tudo à causa, alguns camaradas abriram brechas para o oportunismo dos menos comprometidos, para a exploração daqueles que priorizavam garantir a própria vida nos

---

[33] Jacques Derrida, *Politics of Friendship* (trad. George Collins, Londres, Verso, 1997), p. 116.

114 | Camarada

Estados Unidos. As tensões em torno de compartilhar e trabalhar, de política e compromisso, descambaram para a suspeita de que havia infiltrados. Lomnitz escreve:

> Se um camarada fosse considerado oportunista e tivesse ambições pessoais, essa pessoa poderia estar propensa a se vender e talvez até mesmo entregar seus camaradas. Por esse motivo, a linha entre desavenças pessoais e suspeitas de traição podia se tornar muito tênue, e era preciso certo esforço para mantê-las separadas.[34]

Camaradas podem ser amigos, mas amizade e camaradagem não são a mesma coisa[35]. Vemos isso limpidamente quando as amizades se desgastam. Antipatia pessoal não significa que a pessoa não seja camarada. Em associações com laços bastante fortes, a camaradagem e a amizade se confundem e se sobrepõem. Manter a diferença e a distância entre as duas requer trabalho, um trabalho importante. A camaradagem exige um grau de alienação das necessidades e demandas da vida pessoal, necessidades às quais os amigos devem atender.

Aprendemos com a *Ética a Nicômaco**, de Aristóteles, que a amizade é uma relação direta entre duas pessoas que beneficia ambas mutuamente. É uma relação ancorada na pessoa, para o benefício ou a excelência do indivíduo. Em sua leitura das considerações de Aristóteles sobre a amizade, Jacques Derrida enfatiza a "singularidade individual" da amizade. "Deve-se preferir

---

[34] Claudio Lomnitz, *The Return of Comrade Ricardo Flores Magón* (Nova York, Zone, 2014), p. 295.

[35] Para uma análise mais complexa das interconexões entre amizade e camaradagem no início da União Soviética, ver Sean Guillory, *We Shall Refashion Life on Earth! The Political Culture of the Young Communist League, 1918-1928* (tese de pós-doutorado, Departamento de História, Universidade da Califórnia, Los Angeles, 2009).

* Aristóteles, *Ética a Nicômaco* (trad. Edson Bini, São Paulo, Edipro, 2018). (N. E.)

certos amigos."[36] Amigos são escolhidos, selecionados, com base em sua excelência, bondade e virtude. Só se pode ter um pequeno número de amigos – não há tempo para se dedicar a muito mais. Para Derrida, essa contagem marca o "tornar-se político" da amizade. Amizade não é originalmente nem necessariamente política[37]. A afirmação igualitária da camaradagem, em contraste, é intrinsecamente política: os camaradas estão unidos de maneiras que os diferenciam, que fazem deles um partido. A coletividade substitui a singularidade individual da amizade. Ninguém escolhe os próprios camaradas. O fato de que ninguém escolhe seus camaradas não significa que os camaradas não sejam escolhidos. Tampouco significa que eles não possam ser contados. Na verdade, a escolha e a contagem são questões de organização política no processo de construção, treinamento e distribuição de forças. Ninguém escolhe os próprios camaradas. Quem faz isso é a coletividade. Em contraste com a exclusividade estreita da amizade, a camaradagem é ampla – abelhas e estrelas, alguém que até então era desconhecido agora se revela um camarada. A camaradagem abarca desde laços íntimos até relações com aqueles que nem sequer conhecemos pessoalmente. Qualquer um pode ser um camarada, independentemente de gostar ou não de mim, de ser ou não como eu.

Em algumas passagens de *Incognegro*, Frank Wilderson faz determinados acenos à diferença entre camaradas e amigos. Ele narra longas horas discutindo política e literatura com Trevor, um sul-africano branco que tinha sido seu aluno e também camarada em uma unidade clandestina da MK. "Certa vez, contei a Trevor que ele era o melhor amigo que eu já havia tido." Trevor respondeu dizendo que ele não tinha amigos, "apenas

---

[36] Jacques Derrida, *Politics of Friendship*, cit., p. 19.
[37] Ibidem, p. 22.

116 | Camarada

camaradas"[38]. Wilderson conta que não sabia o que fazer com essa informação. Podemos considerar que Trevor estava rejeitando a singularidade preferencial da amizade, uma relação que não pertence à política. O trabalho absorvente da luta política cria suas próprias intimidades, seus próprios vínculos e intensidades. Os camaradas acabam se vinculando através de seu trabalho em direção a um objetivo comum, não por meio de algo meramente pessoal. Wilderson relata outra discussão, esta com sua primeira esposa, Khanya, uma sul-africana negra. Khanya diz: "Você tem muitos amigos brancos [...], mas você odeia todos eles"[39]. A camaradagem abstrai-se das especificidades da vida individual, da singularidade da experiência vivida. A amizade não. Os amigos de Wilderson continuam brancos; ele continua negro. Ele pode odiar a branquitude de seus amigos e odiar seus amigos pela branquitude deles de maneira profundamente pessoal, enredada na vida e no ser. A camaradagem é diferente – é sobre a política, a luta, a disciplina do trabalho comum e o profundo senso de conexão e responsabilidade que decorre disso.

A distinção entre camarada e amigo também aponta para uma dimensão inumana do camarada: a camaradagem não tem nada a ver com a pessoa ou a personalidade em sua especificidade; ela é genérica. A camaradagem abstrai-se das especificidades da vida individual para considerar como essas especificidades poderiam contribuir com os objetivos coletivos. O que importa não é a singularidade de uma habilidade ou experiência, e sim sua utilidade para o trabalho do partido. Nesse sentido, o camarada é liberado das determinações da especificidade, liberado pelo horizonte político comum. Ellen Schrecker apresenta essa questão em seu

---

[38] Frank B. Wilderson III, *Incognegro: A Memoir of Exile and Apartheid* (Durham, Duke University Press, 2015), p. 145-6.
[39] Ibidem, p. 268.

relato magistral do anticomunismo nos Estados Unidos. Durante o período macarthista de perseguição aos comunistas, havia uma suposição comum de que "todos os comunistas eram iguais"[40]. Os comunistas eram retratados como fantoches, engrenagens, autômatos, robôs, até escravos. Nas palavras de "uma das principais testemunhas profissionais da era McCarthy", as pessoas que se tornavam comunistas "não eram mais indivíduos, e sim robôs; eram agrilhoadas a uma escravidão intelectual e moral muito pior que qualquer prisão"[41]. A verdade que se encontra por trás dessas alegações hiperbólicas de anticomunismo é a genericidade do camarada, do camarada como relação disciplinada e disciplinadora que vai além de interesses pessoais. A camaradagem não é pessoal. É política.

As "outras relações" – parente, vizinho, cidadão, amigo – indexam degenerações da camaradagem, erros que os camaradas cometem quando substancializam a camaradagem via raça, etnia, nacionalidade e personalidade. Vemos esse erro substancializante no uso italiano de camarada (*camerata*) como pronome de tratamento. Em italiano, a tradução literal de "camarada" é um nome político fascista. Da mesma forma, o alemão *Kamerad* tem forte conotação militar. Essas substancializações, no entanto, são óbvias degenerações: o fascista não pode dizer que qualquer um pode ser um camarada. Por isso os esquerdistas italianos usam o termo *compagno/compagna*. Os socialistas e comunistas alemães usam *Genosse/Genossin*. *Genosse* vem dos termos do alemão arcaico *ginôoz* e *ginôzo*, que designam o desfrute ou uso compartilhado de algo, uma propriedade cooperativa ou direito de uso compartilhado, conforme explico no segundo

---

[40] Ellen Schrecker, *Many Are the Crimes* (Boston, Little, Brown, and Company, 1998), p. 131.

[41] Ibidem, p. 133.

118 | Camarada

capítulo[42]. Voltando ao ponto: a energia igualitária emancipatória do camarada, sua capacidade de conferir vida e de mapear as relações sociais de maneira nova, é um produto de sua genericidade: qualquer um pode ser camarada, mas nem todos o podem. Quando a camaradagem desliza para nacionalidade, etnia ou raça; quando ela é confundida com uma relação que deveria beneficiar um indivíduo; quando ela é equiparada às relações mediadas pelo Estado, o corte do genérico se perde.

Tese três: O indivíduo (como lócus de identidade) é o "Outro" do camarada.

"Camarada" designa uma relação, não uma identidade individual. Um obituário publicado em 1925 no *Pravda* elogia o falecido: "O camarada Nesterenko não tinha biografia pessoal nem necessidades pessoais"[43]. O filme *Ninotchka* mostra que não se deve fazer muito caso do fato de uma camarada ser mulher; todos têm trabalho a fazer. Na esquerda, camarada é um pronome de tratamento que se vincula a nomes próprios – camarada Yakushova. O nome próprio carrega a identidade individual; a forma de tratamento afirma uma condição comum. Depois de uma grande manifestação de um dia inteiro contra supremacistas brancos, um camarada meu observou, com alegria: "Não precisamos nem saber o nome um do outro – somos camaradas". "Camarada" assume o lugar de "senhor", "senhora" e "cidadão". O termo nega a especificidade de determinado título – título que inscreve diferenciação e hierarquia – e o substitui por uma

---

[42] Quem me alertou para esse ponto foi David Riff. *Herbert Bartholmes, Bruder, Bürger, Freund, Genosse und andere Wörter der sozialistischen Terminologie: wortgeschichtliche Beiträge, Göteborger germanistische Forschungen Acta Universitatis Gothoburgensis* (Wuppertal-Barmen, Hammer, 1970), v. 11, p. 175.

[43] Jeffrey Brooks, *Thank You, Comrade Stalin! Soviet Public Culture from Revolution to Cold War* (Princeton, Princeton University Press, 2000), p. 24.

insistência positiva em uma condição comum igualadora. Ao mesmo tempo, exige uma decisão e demarca um corte. Como nem todo mundo é camarada, chamar alguém de camarada assinala uma divisão: você está ou não conosco?

Oxana Timofeeva ressalta que na camaradagem a identidade desaparece[44]. Ela dá o exemplo dos disfarces utilizados pelos bolcheviques na clandestinidade. Qualquer um poderia estar por baixo daquele bigode. Schrecker fornece outro exemplo, uma declaração do general Herbert Brownell, procurador-geral* do presidente Dwight D. Eisenhower. As suspeitas de Brownell em relação aos comunistas haviam aumentado porque, em suas palavras, era "quase impossível 'reconhecê-los', uma vez que eles não usam mais carteirinhas de filiação ou outros documentos escritos que os identifiquem devidamente"[45]. Nesses exemplos, é o camarada genérico que aparece, disfarçado de indivíduo, embora um entre muitos; pode ser qualquer um. Schrecker cita Herbert Philbrick, um informante disfarçado: "Qualquer um pode ser comunista. Qualquer um pode de repente se revelar membro do Partido Comunista – um amigo próximo, irmão, empregado ou mesmo empregador, cidadão importante, servidor público de confiança"[46].

A cantata de Bertolt Brecht "A decisão" [*Die Massnahme*] também explora a relação antitética entre identidade individual e a figura do camarada. Quatro agitadores são julgados frente a um comitê central do partido (o coro de controle) pelo assassinato de um jovem camarada. Os agitadores contam como se disfarçaram

---

[44] Nikolay Oleynikov e Oxana Timofeeva, "Beastly Spirits: A Pack of Folks", *Rethinking Marxism*, v. 28, n. 3-4, 2016, p. 500-22.

* Vale notar que, no sistema brasileiro as funções análogas às exercidas pelo procurador-geral estadunidense são divididas entre três cargos: o de procurador-geral da República, o de advogado geral da União e o de Ministro da Justiça. (N. T.)

[45] Ellen Schrecker, *Many Are the Crimes*, cit., p. 141.

[46] Idem.

120 | Camarada

a fim de se aproximar dos trabalhadores chineses que eles estavam tentando organizar. Cada agitador teve de apagar a própria identidade a ponto de não ter "nome nem mãe", "folhas em branco sobre as quais a revolução escreve suas instruções"[47]. Cada agitador, incluindo o jovem camarada, havia concordado em lutar pelo comunismo e não ser mais si próprio. Todos vestiram máscaras chinesas, de modo a parecerem chineses em vez de alemães ou russos. No entanto, em vez de seguir as instruções e agir conforme o plano acordado, o jovem camarada repetidamente sobrepôs seu próprio juízo ao do partido, estimulando a tomada de ações antes da hora certa. Ele viu com seus próprios olhos que "a miséria não pode esperar", rasgou escritos do partido e arrancou sua máscara. Ele buscou antecipar a revolução, e sua impetuosidade acabou comprometendo o movimento todo. Forçados a fugir das autoridades chinesas, os agitadores e o jovem camarada se apressaram para escapar da cidade. Os agitadores se dão conta de que, uma vez que o jovem camarada havia se tornado identificável, eles precisavam matá-lo. O jovem camarada concorda. Os quatro agitadores o fuzilam, o jogam em uma mina de cal que eliminaria todo e qualquer traço dele e retomam seu trabalho.

Camaradas são múltiplos, substituíveis, fungíveis. São elementos em coletivos, até mesmo coleções. Como menciono no primeiro capítulo, em diversas línguas românicas "camarada" surgiu como termo para pessoas que compartilham uma mesma dependência ou viajam juntas. Ser camarada é compartilhar uma condição com outra pessoa no que diz respeito a para onde ambas estão indo. Aliás, esses elementos de condição comum e coletividade

---

[47] Bertolt Brecht, em John Willett e Ralph Mannheim (orgs.), *The Measures Taken and Other Lehrstücke* (Nova York, Arcade, 2001), p. 12 [ed. bras.: "A decisão: peça didática", em *Teatro completo 3*, trad. Ingrid Dormien Koudela, São Paulo, Paz e Terra, p. 241 e 260].

apontam para a diferença entre a figura do camarada e a do militante. O militante é uma figura singular que luta por determinada causa. O fato de alguém ser militante não nos diz nada sobre a relação desse alguém com outras pessoas. O militante expressa intensidade política, não relacionalidade política.

No processo de transição ao capitalismo que ocorreu na Rússia pós-1991, o termo "camarada" começou a ser desacreditado. Alla Ivanchikova me diz que essa foi uma luta política travada no campo da etimologia. Surgiram novas etimologias buscando despolitizar e ridicularizar o termo. Elas sublinhavam sua origem na palavra *tovar*, ou seja, mercadoria, um bem à venda[48]. Ivanchikova explica que "isso tinha o claro propósito de mostrar que por trás de todo o falatório sobre 'camaradagem' há relações monetárias e mercadológicas dando as cartas. Qualquer camarada (*tovarish*) é uma mercadoria (*tovar*), se você souber pagar o preço certo"[49]. Ao mesmo tempo, contraetimologias insistem que a palavra *tovar* é muito mais antiga que sua referência a uma mercadoria ou bem produzido para ser vendido. *Tovar* deriva de uma antiga palavra para designar um acampamento militar, *tovarŭ*[50]. Os soldados referiam-se uns aos outros como camaradas.

Por trás dessa guerra etimológica reside um pressuposto de equivalência. A intercambiabilidade – entre soldados, mercadorias, alunos de uma escola, viajantes ou membros de um partido – caracteriza a figura do camarada. Tal como ocorre com fantoches, engrenagens e robôs, a comunalidade não decorre da identidade, não decorre de quem alguém é, mas, sim, do que está sendo feito: luta, circulação,

---

[48] Olga Kravets, "On Things and Comrades", cit., p. 422.

[49] Comunicação pessoal.

[50] Serguei Sakhno e Nicole Tersis, "Is a 'Friend' an 'Enemy'? Between 'Proximity' and 'Opposition'", em Martine Vanhove (org.), *From Polysemy to Semantic Change* (Amsterdã, John Benjamins, 2008), p. 334.

122 | Camarada

estudo, viagem, fazer parte de um mesmo aparato. Camaradas políticos são aqueles que se encontram de um mesmo lado. Camaradas comunistas são aqueles que lutam para emancipar a sociedade do capitalismo e criar novos modos igualitários de associação livre e de tomada coletiva de decisão em prol do benefício comum.

Para os anticomunistas, o instrumentalismo das relações entre camaradas soa horripilante. Combinado com a impessoalidade maquínica e a fungibilidade dos camaradas, o fato de as relações entre camaradas serem produzidas para um propósito exterior, o fato de elas serem meios e não fins em si mesmas, parece moralmente questionável. Essa objeção deixa de reconhecer a especificidade da camaradagem como relação política, como algo que implica estar do mesmo lado da luta. Ela omite a maneira pela qual o trabalho político se concentra em fins que vão além do indivíduo e, portanto, necessariamente requer coordenação coletiva. Ela pressupõe uma política totalizante que subsume todas as relações, em vez de reconhecer uma política abstrata liberada ou alienada de relações sociais específicas. E ela reduz o espaço de significado a autorrelações, como se relações genéricas abstratas entre pessoas que se filiam a uma verdade política só pudessem ser o resultado de manipulação.

Em entrevista a Vivian Gornick, um ex-membro do CPUSA descreveu sua vida de reuniões, atividades, manifestações de Primeiro de Maio, venda do *Daily Worker* e discussões infindáveis sobre Marx e Lênin como algo "além das noções de bom ou ruim", como algo "arrebatador, poderoso" e "intenso, absorvente, repleto de uma espécie de camaradagem que penso não ser possível reencontrar"[51]. Ele se via como útil, vivendo a serviço de uma luta de significado histórico mundial. Suas ações não eram individuais; eram momentos de uma luta coletiva, instâncias pelas quais o poder

---

[51] Vivian Gornick, *The Romance of American Communism* (Nova York, Basic, 1978), p. 56.

coletivo do partido podia surgir[52]. Precisamente por estar engajado com outros em um propósito comum, o camarada foi capaz de experimentar um profundo significado político. Precisamos rejeitar a ficção burguesa de que intimidade depende de revelações pessoais, experiência individual ou da maneira como uma pessoa se sente a respeito de outras pessoas e acontecimentos. Há outras intimidades de trabalho comum e propósito compartilhado: preparar o jornal, produzir os cartazes, planejar uma ação, bater de porta em porta.

Tese quatro: A relação entre camaradas é mediada pela fidelidade a uma verdade. As práticas de camaradagem materializam essa fidelidade, construindo essa sua verdade no mundo.

No fim do século XIX, "camarada" já era um termo proeminente nos círculos socialistas. Kirsten Harris identifica o primeiro registro de uma evocação socialista da camaradagem em inglês no jornal *Justice* em 1884. Alguns socialistas ingleses foram inspirados pela visão de Whitman sobre o profundo companheirismo e a interconexão dos camaradas. Era algo que ressoava com sua percepção de que a relação entre aqueles envolvidos na luta socialista, bem como na nova sociedade por vir, era baseada em mais que irmandade (uma identificação proeminente no movimento operário) ou fraternidade (um ideal ancorado no parentesco universal que passou a ter uso corrente durante a Revolução Francesa). A acepção militar do termo qualificava "camarada" como portador do ideal de um "vínculo forjado quando se luta lado a lado em prol de uma causa comum"[53]. A incorporação de Whitman pelos ingleses ressoou entre os socialistas estadunidenses. Em um

---

[52] Agradeço a Hannah Dickinson e Kai Heron pelas discussões sobre essa questão.

[53] Kirsten Harris, *Walt Whitman and British Socialism*, cit., p. 13.

124 | Camarada

pequeno ensaio publicado na *The Comrade* em 1903, W. Harrison Riley narra alguns de seus encontros com Marx (que, segundo ele, era "tão bom de se olhar quanto de se escutar", além de ter "um corpo forte e notavelmente belo"). Riley observa que "os internacionalistas se dirigiam uns aos outros como 'cidadão', mas eu não gostava da designação e frequentemente utilizava em seu lugar a saudação de Whitman, 'camarada'"[54].

Independentemente do aceno de Riley a Whitman, "camarada" já fazia parte do vocabulário político dos socialistas alemães[55]. Em seus escritos, Marx usou o termo de variadas maneiras, inclusive para designar pessoas que integram um mesmo partido político, que compartilham uma mesma posição política. "Partido" dizia respeito não apenas a uma organização formal, mas a um movimento político mais amplo. Em sua conhecida carta a Kugelmann sobre a Comuna de Paris, Marx elogia "nossos heroicos correligionários de Paris"[56]. Os *communards* aos quais Marx se refere aqui não são seus camaradas no contexto de um partido específico, mas no partido entendido em "sentido histórico mais amplo"[57]. Eles

---

[54] W. Harrison Riley, "Reminiscences of Karl Marx", *Comrade*, v. 3, n. 1, 1903, p. 5.

[55] Bartholmes revela que, em meados da década de 1870, *Genosse* já havia se tornado tanto uma forma de tratamento quanto uma palavra para designar membros do Partido Social-Democrata. Herbert Bartholmes, *Bruder, Bürger, Freund, Genosse und andere Wörter der sozialistischen Terminologie*, cit., p. 183. O termo já vinha sendo usado no movimento dos trabalhadores desde 1848 para designar o conjunto dos trabalhadores ou os trabalhadores de um mesmo ramo industrial.

[56] "Marx to dr. Kugelmann Concerning the Paris Commune", 12 abr. 1871. Disponível em: <https://www.marxists.org/archive/marx/works/1871/letters/71_04_12.htm>; acesso em: 7 maio 2021 [ed. bras.: "Marx a Ludwig Kugelman em Hannover; Londres, 12 de abril de 1871", em *A guerra civil na França*, trad. Rubens Enderle, São Paulo, Boitempo, 2011, p. 207-8].

[57] Para uma discussão a respeito da distinção entre o partido formal e o partido histórico na obra de Marx, ver Gavin Walker, "The Body of Politics: On the Concept of the Party", *Theory & Event*, v. 16, n. 4, 2013.

estavam todos do mesmo lado, o da "revolução popular efetiva"[58]. Em um texto redigido em 1866 para a Associação Internacional dos Trabalhadores (AIT), Marx traz à tona essa dimensão política do camarada: "É um dos grandes propósitos da associação fazer com que os trabalhadores de diferentes países não apenas se *sintam*, mas também *ajam* como irmãos e camaradas no exército da emancipação"[59]. Mais que irmãos de sindicato engajados em lutas locais e nacionais, os membros da AIT seriam camaradas na luta política internacional, batalhando ao lado de sua classe na luta do trabalho contra o capital. Sua condição comum de trabalhadores precisava se tornar a base para uma política comum, uma orientação política compartilhada. Como camaradas em um exército de emancipação, eles combinariam e generalizariam seus esforços. As diferenças entre trabalhadores estrangeiros e nacionais não poderiam mais ser usadas contra eles. Como camaradas, eles eram todos iguais. O filme *Kameradschaft* (1931), de G. W. Pabst, retrata exatamente essa versão da camaradagem entre os trabalhadores. Oficialmente separados por fronteiras nacionais, mineiros franceses e alemães trabalham juntos em segredo a fim de resgatar seus camaradas depois que uma série de explosões derruba partes da mina. Como mineiros e como trabalhadores, eles estão unidos por um vínculo mais forte que as nacionalidades que os separam.

A ideia de que camaradas são aqueles que pertencem ao mesmo lado de uma luta política nos leva à quarta tese: a relação entre

---

[58] "Marx to Dr. Kugelmann Concerning the Paris Commune", cit. [ed. bras.: "Marx a Ludwig Kugelman em Hannover; Londres, 12 de abril de 1871", cit.].

[59] Karl Marx, "Instructions for the Delegates of the Provisional General Council: The Different Questions". Originalmente publicado em *Der Verbote*, n. 11 e 12, 1866, e *International Courier*, n. 6 e 7, 1867. Disponível em: <https://www.marxists.org/archive/marx/works/1866/08/instructions.htm>; acesso em: 7 maio 2021.

126 | Camarada

camaradas é mediada pela fidelidade a uma verdade; as práticas de camaradagem materializam essa fidelidade. O "mesmo lado" assinala a verdade a que os camaradas são fiéis – a verdade política que os une – e a fidelidade com que trabalham para realizar essa verdade no mundo. O "pertencer" chama atenção para expectativas, práticas e afetos que o fato de estar junto de um mesmo lado gera.

As noções de verdade e fidelidade em operação aqui vêm de Alain Badiou. Em resumo, Badiou rejeita a ideia de verdade como uma proposição ou um juízo, argumentando, em vez disso, que a verdade é um processo. O processo começa com a erupção de algo novo, um acontecimento. Visto que um acontecimento altera a situação, rompe os limites do dado, é indecidível nos termos do dado; é algo totalmente novo. Badiou argumenta que essa indecidibilidade "induz o aparecimento de um *sujeito* do acontecimento"[60]. Esse sujeito não é a causa do acontecimento. Ele é um efeito dele, ou uma resposta a ele, "a decisão de *dizer* que tal evento ocorreu". A gramática pode nos seduzir a traduzir esse sujeito como "eu". Devemos evitar essa tentação e reconhecer o sujeito como algo que designa um ponto de inflexão, uma resposta que estende o acontecimento. A decisão de que uma verdade apareceu, de que algo ocorreu, incita um processo de verificação, o "procedimento infinito de verificação do verdadeiro", naquilo que Badiou denomina um "exercício de fidelidade"[61]. A fidelidade é um processo de desvendar a verdade e empenhar-se nela, um engajamento com a verdade que se estende para o mundo e o transforma. Devemos reconhecer aqui a dimensão inevitavelmente coletiva da fidelidade: no campo político, a verificação é uma luta de muitos.

---

[60] Alain Badiou, *Infinite Thought* (trad. Oliver Feltham e Justin Clemens, Londres, Continuum, 2003), p. 62.

[61] Idem.

Peter Hallward extrai algumas implicações da concepção de verdade de Badiou. Primeiro, ela é subjetiva. Aqueles que são fiéis a uma eventual verdade se envolvem no processo de elaborá-la, explorando suas consequências[62]. Em segundo lugar, fidelidade não é fé cega; é um engajamento rigoroso, alheio à personalidade individual e incorporado ao corpo de verdade que ela gera. Hallward escreve:

> A fidelidade é, por definição, excêntrica, voltada para fora, para além dos limites de uma integridade meramente pessoal. Ser fiel a uma eventual implicação significa sempre abandonar-se, rigorosamente, ao desdobramento de suas consequências. A fidelidade implica que, se há verdade, ela só pode ser cruelmente indiferente ao privado enquanto tal. Toda verdade envolve algum tipo de antiprivatização, uma coletivização subjetiva. Na verdade, "eu" só importo na medida em que sou subsumido pelo vetor impessoal da verdade – digamos, a organização política ou o programa de pesquisa científica.[63]

O processo de verdade constrói um novo corpo. Esse corpo de verdade é um coletivo formado para "trabalhar pelas consequências do novo", e esse trabalho, esse coletivo, disciplina e subsume os fiéis[64]. Terceiro, coletividade não implica uniformidade. O procedimento infinito de verificação incorpora múltiplos experimentos, atuações e efeitos.

Escreve Badiou: "Uma organização reside na intersecção entre uma Ideia e um acontecimento. No entanto, essa intersecção só existe enquanto processo, cujo sujeito imediato é o militante

---

[62] A fidelidade é apenas uma das reações possíveis ao acontecimento-verdade. Badiou apresenta mais dois sujeitos: o reativo e o obscuro. Alain Badiou, *Logic of Worlds* (trad. Alberto Toscano, Londres, Continuum, 2009).

[63] Peter Hallward, *Badiou: A Subject to Truth* (Minneapolis, University of Minnesota Press, 2003), p. 129.

[64] Alain Badiou, *Second Manifesto for Philosophy* (trad. Louise Burchill, Cambridge, Polity, 2011), p. 84.

128 | Camarada

político"[65]. Devemos alterar essa declaração substituindo "militante" por "camarada". "Camarada" sublinha a "disciplina do acontecimento", o modo pelo qual a fidelidade política não pode ser exercida por um indivíduo solitário – daí a ênfase marxista-leninista na unidade entre teoria e prática, a estéril incapacidade de uma desprovida da outra. "Camarada" também afirma o auto-abandono que decorre da fidelidade a uma verdade: seu vetor, seu desdobramento, é indiferente a minhas experiências e inclinações pessoais. Para os comunistas, o processo de verdade tem um corpo, e esse corpo é o partido, tanto em sentido histórico quanto em sentido formal. Já em *Theory of the Subject* [Teoria do sujeito], Badiou reconhece a necessidade de um corpo político, o partido enquanto "sujeito-suporte de toda a política"[66]. Em suas palavras: "O partido é, *stricto sensu*, o corpo da política. O fato de haver um corpo de forma alguma garante que haja um sujeito. [...] Mas, para que haja sujeito, para que se encontre um sujeito, é preciso que haja o suporte de um corpo"[67].

Como figura de pertencimento político, "camarada" é uma resposta fiel à eventual ruptura de multidões e movimentos, à descarga igualitária que irrompe da força dos muitos em lugares aos quais eles não pertencem, ao movimento do povo enquanto sujeito da política[68]. Camaradas demonstram fidelidade por meio de trabalho político; por meio de engajamento coordenado e disciplinado. Seu trabalho político prático estende ao mundo a verdade da luta igualitária emancipatória dos oprimidos. Emendando Badiou (valendo-nos de seus trabalhos anteriores),

---

[65] Idem, *The Rebirth of History* (trad. Gregory Elliott, Londres, Verso, 2012), p. 63.

[66] Idem, *Theory of the Subject* (trad. Bruno Bosteels, Londres, Continuum, 2009), p. 286.

[67] Ibidem, p. 290.

[68] Desenvolvo esse argumento em *Crowds and Party*.

poderíamos dizer que o camarada não é um sujeito fiel, mas uma relação política fiel ao povo dividido como sujeito de uma política igualitária emancipatória[69]. Para que enxerguemos o povo revolucionário como sujeito das lutas dos oprimidos, para que seu sujeito venha à tona, precisamos ser camaradas.

Em *Ninotchka*, Nina Ivanova Yakushova não sabe dizer quem são seus camaradas só de olhar para eles. O partido a informou sobre quem procurar, mas ela precisa perguntar. Depois que Iranoff se identifica, Yakushova diz seu nome e indica o nome e a posição do camarada de partido que autorizou sua visita. Iranoff apresenta Buljanoff e Kopalski. Yakushova se dirige a cada um deles como camarada. Mas não é o termo de tratamento que os torna todos camaradas. Eles são camaradas porque são membros do mesmo partido. O partido é o corpo organizado de verdade que media sua relação. Essa mediação deixa claro o que se espera dos camaradas: trabalho disciplinado e fiel. Iranoff, Buljanoff e Kopalski não têm feito o trabalho que se espera de um camarada, motivo pelo qual Moscou envia Yakushova para supervisioná-los em Paris. O fato de Kopalski dizer que eles a teriam saudado com flores demonstra seu emburguesamento, a degeneração de seu senso de camaradagem. Mas todos eles estão lá para trabalhar. A identidade de gênero e a hierarquia não mediam as relações entre camaradas. As práticas de fidelidade a uma verdade política e o trabalho feito para construir essa verdade no mundo, sim.

A solidariedade entre camaradas na luta política surge do entrelaçamento de verdade, prática e partido. Não é redutível a nenhum desses elementos sozinho. Camaradas não são simplesmente aqueles que acreditam em uma mesma verdade – por

---

[69] Para um enfrentamento crítico mais detalhado com a explicação do sujeito de verdade de Badiou, ver meu artigo "The Subject of the Revolution", *Crisis and Critique*, v. 4, n. 2, 2017, p. 152-73.

130 | Camarada

exemplo, a ideia do comunismo. Sua fidelidade a determinada verdade se manifesta no trabalho prático. O trabalho pela realização de uma verdade política conduz as pessoas a uma relação de camaradagem. Mas realizar tarefas semelhantes em fidelidade a uma mesma verdade não é suficiente para a camaradagem. O trabalho deve ser comum; ninguém é camarada sozinho. As práticas de camaradagem são coordenadas, organizadas. O partido é a organização da qual emerge a camaradagem e é a organização que as relações entre camaradas produzem. Ele concentra a camaradagem ainda que a camaradagem vá além dele.

Assim como há quatro teses sobre o camarada, o camarada também tem quatro características principais: disciplina, alegria, entusiasmo e coragem. Se, como argumento em *The Communist Horizon* [O horizonte comunista], o comunismo é um desejo coletivo por coletividade, então a disciplina da camaradagem funciona como sua lei e sua linguagem. A disciplina (reuniões, relatórios, trabalho, manifestações, campanhas, "unidade de ação", execução da linha do partido) fornece a linguagem por meio da qual o anseio previamente incipiente e individual se torna vontade coletiva. A disciplina também fornece o impedimento que mantém o desejo: a organização requer planejamento e adiamento. O camarada aqui não é o mesmo que o militante, que pode vir a celebrar e levar a cabo a propaganda heroica e individualista do feito. Como já vimos em Brecht, a impaciência do jovem camarada comprometeu toda a operação e obrigou seus camaradas a matá-lo.

A camaradagem é uma relação disciplinadora: as expectativas e a responsabilidade de atendê-las limitam a ação individual e geram uma capacidade coletiva. Os camaradas aprendem a deixar de lado o interesse próprio imediato e o desejo de conforto ou progresso pessoais pelo bem do partido, do movimento e da luta. A disciplina nega e cria. Ela induz a subordinação do interesse pessoal em prol da produção de uma nova força, uma força potente o bastante para suportar os longos anos de luta revolucionária e prevalecer. Nas palavras de um dos comunistas que Gornick entrevistou em *The Romance of American Communism*: "Estar envolvido com pessoas em uma empreitada política, sentir aquela camaradagem particular, assistir às pessoas vindo a ser nessa atmosfera, isso é sentir o mundo sendo refeito"[70].

Lênin falava com frequência da necessidade de disciplina no partido revolucionário: disciplina rigorosa, disciplina proletária, disciplina de ferro, disciplina socialista, disciplina de camaradagem, e assim por diante. A disciplina partidária geralmente se refeia às expectativas de unidade de ação, livre discussão e crítica[71]. A diferença da disciplina proletária, ou trabalhista, era que esta apontava para a nova organização do trabalho sob o socialismo, a organização voluntária dos trabalhadores dotados de consciência de classe. Em vez de estar sujeita à vontade dos patrões, às forças do mercado ou à tirania do salário, a "iniciativa consciente e voluntária dos trabalhadores" produz novos ganhos de produtividade, técnicas mais avançadas de produção[72]. A classe trabalhadora demonstra, por meio de disciplina proletária, que capitalistas e proprietários de terras são supérfluos. Não precisamos deles. Podemos – e vamos – fazer nós mesmos. Em cada tipo de disciplina, o que importa é que a disciplina seja livremente aceita. Para Lênin, a própria disciplina é revolucionária, mais revolucionária que a derrota da burguesia: "Pois é uma vitória sobre nosso próprio

---

[70] Vivian Gornick, *The Romance of American Communism*, cit., p. 247.

[71] Vladímir Ilitch Uliánov Lênin, "Party Discipline and the Fight against the Pro-Cadet Social Democrats" [1906], republicado em *Lenin Collected Works* (Moscou, Progress, 1965), v. 11, p. 320-3.

[72] Idem, "A Great Beginning: Heroism of the Workers in the Rear; 'Communist Subbotniks'" [1919], republicado em *Lenin Collected Works* (trad. George Hanna, Moscou, Progress, 1972), v. 29, p. 409-34.

132 | Camarada

conservadorismo, indisciplina, egoísmo pequeno-burguês, uma vitória sobre os hábitos deixados como herança ao trabalhador e ao camponês pelo maldito capitalismo"[73]. Por meio da disciplina de camaradagem, fortalecemos uns aos outros. Nosso compromisso de trabalhar juntos em direção a nosso objetivo comum funciona também sobre nós, permitindo-nos superar e talvez até abolir os atributos individualistas produzidos pelo capitalismo. Podemos cometer erros, aprender e mudar. Ao reconhecermos nossas próprias inadequações, passamos a compreender a necessidade de sermos generosos e compreensivos com os defeitos dos outros. Desenvolvemos uma apreciação por pontos fortes e talentos que até então não éramos capazes de enxergar. Nós nos tornamos um novo tipo de coletividade.

Não é preciso ser bolchevique para reconhecer a necessidade da disciplina revolucionária. Em *Homenagem à Catalunha*, Orwell diz que "a disciplina 'revolucionária' depende da consciência política – de um entendimento de *por que* a ordem deve ser obedecida"[74]. A justificativa de determinada tarefa, que gera um entendimento compartilhado da importância dessa tarefa, é uma das maneiras pelas quais a igualdade substitui a hierarquia. Se estamos do mesmo lado, se compartilhamos os mesmos objetivos, temos que coordenar nossas ações a fim de realizá-los. Como camaradas, assumimos tarefas voluntariamente; nos disciplinamos porque é isso que a ação política exige.

Junto com a disciplina da camaradagem, vem a alegria, a segunda característica do camarada. Em um panfleto sobre *subbotniks* comunistas – isto é, os sábados de trabalho voluntário que ocorreram durante a Guerra Civil –, Lênin cita um artigo publicado no

---

[73] Idem.

[74] George Orwell, *Homage to Catalonia*, cit., p. 28 [ed. bras.: *Homenagem à Catalunha*, cit.].

Pravda que celebrava o entusiástico trabalho voluntário realizado na ferrovia Moscou-Kazan:

> Quando trabalhadores, balconistas e funcionários da matriz, sem sequer um juramento ou argumento, ergueram o pneu de quarenta *pudi** de uma locomotiva de passageiros e, como formigas prestativas, o colocaram no lugar, esse esforço coletivo foi de encher o coração de fervorosa alegria, fortalecendo a convicção de que a vitória da classe trabalhadora era inabalável. [...] Terminado o trabalho, os presentes testemunharam uma cena inédita: uma centena de comunistas, cansados, mas com um brilho de alegria nos olhos, saudaram seu sucesso ao som dos versos solenes da "Internacional".[75]

A alegria da disciplina é interna e externa; é sentida por camaradas e experimentada por aqueles que testemunham como a disciplina muda o mundo. Por meio da intensa coletividade possibilitada pela disciplina, os camaradas podem fazer o impossível; eles estão livres de expectativas e restrições prévias. A alegria vem junto com a sensação de invencibilidade coletiva. *Juntos, fizemos acontecer – e o fizemos com propósitos maiores do que nós.* Um organizador de seção do CPUSA descreve o poder que se acumula quando as pessoas se unem como

> a emoção de ver um tornar-se através do outro, a ideia por meio da estrutura, a estrutura por meio da ação. E tudo disciplina, cada um conforme sua propriedade, conforme sua própria função, e juntos pelo grande projeto que apenas uma existência disciplinada poderia formar.[76]

---

* *Pood* (plural *pudi*) era uma unidade de peso do Império Russo. Foi abolida pela União Soviética em 1924, junto com outras unidades de medida do sistema imperial. Um *pood* correspondia a dezesseis quilos. (N. E.)

[75] Vladímir Ilitch Uliánov Lênin, "A Great Beginning", cit.

[76] Vivian Gornick, *The Romance of American Communism*, cit., p. 197.

A alegria na camaradagem atesta a liberdade que a disciplina proporciona.

Os camaradas fazem seu trabalho com entusiasmo, a terceira característica do camarada. Eles são elogiados pela energia que empregam nas tarefas. Descrevendo seus anos no Partido Comunista da Grã-Bretanha, Raphael Samuel escreve:

> O partido era repleto de pessoas para admirar, pessoas que você tinha a honra de conhecer porque elas haviam dado a vida pela causa; pessoas de espírito inquebrantável, "pessoas que não seriam abaladas por nada". Havia camaradas que davam exemplo aos outros com sua energia e seu entusiasmo.[77]

Em *O que fazer?**, Lênin elogia repetidas vezes a energia dos social-democratas alemães, critica seus camaradas economistas por sua falta de energia e conclama seu partido a aumentar a energia. Em conversa com Clara Zetkin, Lênin tece comentários elogiosos à energia e ao entusiasmo das camaradas do partido, acrescentando: "Não me lembro agora de quem disse que 'é preciso ter entusiasmo para realizar grandes coisas'"[78]. Espera-se entusiasmo, energia, dos camaradas porque é esse elemento extra, esse benefício a mais de coletividade, que lhes permite fazer mais, até mesmo vencer. O que distingue camaradas de indivíduos politizados e diligentes é a energia acumulada no trabalho coletivo. Por combinarem suas forças, são capazes de gerar mais que aquilo que cada

---

[77] Raphael Samuel, *The Loss World of British Communism* (Londres, Verso, 2006), p. 121.

* Vladímir Ilitch Uliánov Lênin, *O que fazer?* (trad. Avante! e Paula Vaz de Almeida, São Paulo, Boitempo, 2020). (N. E.)

[78] Clara Zetkin, "Lenin on the *Women's Question*", em Vladímir Ilitch Uliánov Lênin, *The Emancipation of Women: From the Writings of V. I. Lenin* (Nova York, International, 2011) [ed. bras.: "Lênin e o movimento feminino", em Vladímir Ilitch Uliánov Lênin, *O socialismo e a emancipação da mulher*, Rio de Janeiro, Vitória, 1956].

um conseguiria trabalhando sozinho. O entusiasmo é o excedente gerado pela disciplina coletiva.

O quarto atributo do camarada é a coragem. Vimos no início deste capítulo, na descrição do conto "Camarada", de Górki, a coragem que o camarada inspira naqueles que são interpelados por ele – eles se tornam poderosos o suficiente para quebrar as correntes da servidão, escapar dos confins da miséria e se levantar contra a opressão. O líder do Partido Comunista Chinês Liu Shaoqi descreve a coragem revolucionária do comunista como efeito da disciplina própria da camaradagem:

> Não tendo motivos egoístas, [o comunista] não tem nada a temer. Não tendo feito nada que lhe rendesse uma consciência culpada, ele pode expor e corrigir corajosamente seus erros e suas falhas. […] Por ter a coragem da convicção justa, ele nunca teme a verdade: corajosamente a defende, a propaga e luta por ela.[79]

A coragem do camarada não é uma virtude individual. É um efeito da disciplina, é a força que surge como resultado da abnegação em prol da luta comum. A coragem do camarada inclui a capacidade de autocrítica, de admitir estar errado ou não saber, e de então corrigir quaisquer equívocos por meio de mais estudo e trabalho. Os bolcheviques associavam coragem a ser firme, inabalável, inflexível e resoluto; à capacidade de resistir e prevalecer sob enormes adversidades. O elogio de Kollontai às grandes lutadoras da Revolução de Outubro fornece alguns exemplos disso. Exaltando a esposa de Lênin, Kollontai escreve: "Em momentos da maior dificuldade e perigo, quando muitos camaradas mais fortes perderam o ânimo e sucumbiram à dúvida, Nadiéjda

---

[79] Liu Shaoqi, "How to Be a Good Communist", seção IV (1939). Disponível em: <https://www.marxists.org/reference/archive/liu-shaoqi/1939/how-to-be/index.htm>; acesso em: 7 maio 2021.

136 | Camarada

Konstantínovna permaneceu a mesma, totalmente convencida da justeza da causa e de sua vitória certa"[80]. E sobre outra camarada: "Varvara Nikoláievna Iakovleva realizou um imenso trabalho durante os difíceis e decisivos dias da Revolução de Outubro em Moscou. [...] Muitos camaradas disseram à época que sua postura resoluta e inabalável coragem deram força e confiança aos vacilantes e inspiraram aqueles que haviam perdido o ânimo"[81].

Esses quatro atributos do camarada – disciplina, alegria, entusiasmo e coragem – caracterizam a fidelidade prática do camarada, a maneira como ele responde à descarga igualitária da multidão e trabalha para realizar e estender esse momento como o movimento do povo revolucionário. Engajando-se criticamente com Badiou, Žižek propõe "'quatro conceitos fundamentais da política emancipatória': ansiedade, coragem, terror, entusiasmo"[82]. Ele os lança como contraponto ao tratamento inicial dado por Badiou ao efeito-sujeito como um nó dos quatro conceitos de ansiedade, coragem, justiça e supereu, bem como à posterior substituição proposta pelo francês do terror pelo supereu[83]. Nenhuma dessas tétrades basta para uma teoria do camarada. Camarada não é um sujeito; é uma figura de pertencimento político, uma forma de tratamento e um conjunto de expectativas. Neste último sentido, ele funciona como eu ideal e ideal do eu. Meu enfoque aqui tem sido seu papel como ideal do eu. Na medida em que o partido é uma resposta organizada a um acontecimento retroativamente atribuído ao povo dividido como

---

[80] Aleksandra Kollontai, "Women Fighters in the Days of the Great October Revolution" [1927], republicado em *Alexandra Kollontai: Selected Articles and Speeches* (Moscou, Progress, 1984).

[81] Idem.

[82] Slavoj Žižek, *Less Than Nothing*, cit., p. 835.

[83] Alain Badiou, *Theory of the Subject*, cit., p. 278. Versão revisada em Alain Badiou, *Logic of Worlds*, cit.; discussão em Slavoj Žižek, *Less Than Nothing*, cit.

seu sujeito, camarada é um efeito, um efeito relacional, o efeito de um acontecimento-verdade nas relações das pessoas consigo mesmas, com as coisas e com o mundo.

Em *Crowds and Party* [Multidões e partido], apresento o partido como uma forma por meio da qual os efeitos-sujeito de Badiou são entrelaçados com os elementos de massa de Elias Canetti – crescimento, meta, igualdade e densidade. Ao ver as pessoas da massa, o partido confere a esta uma política e uma história, permitindo que seu momento igualitário perdure. O partido faz isso concentrando os efeitos-sujeito de ansiedade, coragem, justiça e supereu em um local transferencial a partir do qual eles podem agir de volta sobre a coletividade. A transferência aqui é um efeito formal da coletividade, não a intervenção de uma só pessoa na condição de líder, mas a forma pela qual o lado ou o partido age de volta sobre seus membros[84]. Para usar o esquema de Žižek, os quatro conceitos do partido são concentração, resistência, fidelidade e transferência. Aplicado aos membros do partido, seus quadros, os camaradas, esse conjunto de quatro conceitos produz os atributos do camarada: disciplina, alegria, entusiasmo e coragem. Como figura de pertencimento político, o camarada contém (como uma abóbada ou câmara) os efeitos do partido, de estar do mesmo lado, e os direciona de volta àqueles que compartilham uma política.

Qual é, então, o problema dos quatro conceitos fundamentais da política emancipatória propostos por Žižek (ansiedade, coragem, terror e entusiasmo)? A resposta curta é que se trata de uma política sem corpo. Os quatro conceitos compõem uma resposta desencarnada que, consequentemente, carece da capacidade de fidelidade e resistência. Falta relacionalidade. Falta um meio para concentrar forças ou estender efeitos. Os quatro conceitos

---

[84] Ver minha discussão em *Crowds and Party* (Londres, Verso, 2016), p. 182-90.

138 | Camarada

de Žižek permanecem espontâneos, descritivos da atmosfera da revolução e das respostas afetivas que atestam o povo como sendo sua causa. Eles carecem de forma política.

O terror exemplifica o problema com o aspecto desencarnado dos conceitos de Žižek para a política emancipatória. Como experiência fundamental de deslocamento ou confronto com um vazio ontológico, o conceito de terror é filosoficamente útil. Para ativistas, organizadores e teóricos políticos, no entanto, o apelo ao terrorismo parece mera provocação, uma espécie de encenação inautêntica que o próprio Žižek com frequência critica. O terror funciona como um substituto para o trabalho político planejado e organizado (que pode incluir o terror como tática, mas não o eleva a fundamento).

Em *Theory of the Subject*, Badiou inclui o supereu como um dos quatro efeitos do sujeito. No entanto, mesmo aqui ele associa supereu e terror. Em sua exposição da relação entre ansiedade, supereu, coragem e justiça, Badiou apresenta a ansiedade como nome para o "vazio de poder", uma situação de desordem paralisada, de "motins mudos e suicidas"[85]. Incapaz de tolerar essa situação, a ansiedade clama por sua resolução (ou, melhor, a ansiedade é o momento excessivo e reflexivo da incapacidade do vazio em tolerar a si mesmo). A ansiedade convoca o supereu a restaurar a ordem, o que ocorre por meio da feroz extensão da lei. A lei se torna onipresente, terrorista, espalhando o elemento excessivo de ansiedade por toda parte. Sua verdade interior como não lei é "libertada"[86].

A explicação que Badiou fornece do supereu em termos da imposição terrorista da lei ignora outra "não lei" que responde ao sujeito que a causa: a disciplina do partido revolucionário.

---

[85] Alain Badiou, *Theory of the Subject*, cit., p. 291-2.
[86] Ibidem, p. 293.

A disciplina, no entanto, é um pressuposto necessário de seu argumento. Badiou argumenta que os momentos duais de subjetivização e de processo subjetivo ocasionam destruição e decomposição, um reordenamento à luz do novo. Uma resposta *política* à intervenção de um sujeito aponta, idealmente, para o sentido de conduzir, mas com mais frequência para o sentido de indicar. A resposta atribui uma consistência retroativa ao sujeito que a instigou. O Partido Comunista é o portador ou o órgão da resposta política fiel ao povo dividido como seu sujeito. Como escreve Badiou: "Para que haja um sujeito, para que se *encontre* um sujeito, é preciso haver o suporte de um corpo"[87]. O corpo que permite ao sujeito ser encontrado fornece uma forma política de não lei que abre outro caminho para a ansiedade – o caminho da recomposição à luz do novo –, em fidelidade ao momento igualitário emancipatório de ruptura. No partido, a disciplina assume o lugar da lei, atravessando a divisão entre lei e crime com as expectativas que os camaradas têm em relação uns aos outros. Ao tornar o partido uma força organizada, a disciplina confere a ele a capacidade de ir além da lei, de agir legal ou ilegalmente conforme exigirem as condições.

Considere o trágico exemplo da rebelião de Kronstadt, em 1921. Liderados por anarquistas, os marinheiros da Marinha Vermelha na fortaleza naval conclamaram uma terceira revolução "para derrubar os bolcheviques e estabelecer a democracia soviética"[88]. Alguns comunistas se juntaram a eles na revolta. Depois que as forças bolcheviques derrotaram o levante em uma das batalhas mais cruéis de toda a Guerra Civil, Trótski justificou

---

[87] Ibidem, p. 290.

[88] Isaac Deutscher, *The Prophet: The Life of Leon Trotsky* (Londres, Verso, 2015), p. 521 [ed. bras.: *Trótski: o profeta armado*, trad. Waltensir Dutra, São Paulo, Civilização Brasileira, 1984]. Todos os trechos da obra citados neste livro são traduções livres.

140 | Camarada

o ataque dos bolcheviques dizendo que eles tinham esperado "que nossos camaradas marinheiros cegos vissem com os próprios olhos para onde o motim levava"[89]. Isaac Deutscher observa que, ao se referir aos "rebeldes esmagados como 'camaradas'", Trótski "dava a entender que o que ele comemorava era uma vitória moralmente pírrica"[90]. Isso pode até ser verdade. Mas também atesta a ferocidade da disciplina, a ponto de suas violações incitarem um tipo específico de fúria, alimentada pela indignação com a traição, o abandono e a renegação. O fato de os rebeldes serem camaradas justificava a intensidade cruel da batalha.

A dimensão superegoica da disciplina também explica a ferocidade dos momentos em que o partido se voltava contra si próprio: seus ataques a si mesmo em geral vão além e restringem seus ataques às pessoas. Ao mesmo tempo, o fato de que o supereu é canalizado por meio da disciplina explica sua intensidade criativa, a maneira pela qual o partido pressiona os camaradas a se esforçarem e a fazerem o impossível – e com entusiasmo. Disciplina inclui, portanto, a negatividade crucial para a posição mais ampla de Žižek. Sem a disciplina dos camaradas, o partido não é nada, é totalmente incapaz de levar adiante um projeto político. No entanto, assim como Badiou, Žižek também abraça a substituição do supereu pelo terror, a disseminação desencarnada da não lei sobre a disciplina necessária para intervir em uma situação revolucionária.

Na psicanálise, às vezes o desejo aparece como uma vontade de transgredir. A lei apoia o desejo estabelecendo um limite, e o desejo persiste contanto que o limite nunca seja alcançado. A disciplina da camaradagem modula a transgressão em excesso, que excede o limite, vai além dele e faz mais. Os planos quinquenais

---

[89] Ibidem, p. 524.
[90] Idem.

dos soviéticos, cumpridos além das expectativas, são um exemplo famoso disso. Poderíamos acrescentar o fato de os camaradas se culparem tão facilmente por não fazerem o suficiente. Por um lado, a disciplina de expectativas, planos e programa fornece uma barreira – um pequeno respiro ou alívio da injunção autoimposta de fazer mais. Na sociedade capitalista, entretanto, somos constantemente intimados a afirmar nossa avaliação única, nossa opinião individual, nossa escolha pessoal, incessantemente comandados a diferenciar e hierarquizar. A disciplina é um desafio. Por outro lado, o desejo coletivo por coletividade, ao nos impulsionar a ultrapassar todos os limites com a urgência da luta por justiça – e da realidade dos inimigos e contrarrevolucionários –, pode tornar a disciplina muito restritiva. *Precisamos fazer mais! Seja mais vigilante, mais correto!* Disposições disciplinares como expulsões tornam-se, então, excessivas, superegoicas. Os camaradas se tornam seus próprios inimigos. A disciplina que os havia tornado fortes, lhes conferido capacidade, destrói o que ela produziu.

Em suma, na medida em que requer autossubordinação, negação e sacrifício contínuos, a disciplina assume e arrisca todos os excessos do supereu. Os camaradas jamais farão o suficiente – e depositam sobre si próprios a exigência de fazer mais. A vantagem conceitual proporcionada pela disciplina é, portanto, a eliminação de uma paixão radical pelo terror que a política emancipatória pode provocar sobre os outros e a substituição dessa paixão pelos sacrifícios que a política emancipatória exige daqueles que a praticam a sério.

A ênfase dada por Žižek ao entusiasmo está correta, mas como corolário da coragem, não do terror. Žižek argumenta que o entusiasmo forma um par com o terror como sua "reversão imanente". Ele recorre a Kant, "para quem o terror de nossa total impotência diante da violência liberada por algum poder natural se transforma em entusiasmo quando nos damos conta de que nem mesmo

142 | Camarada

a mais poderosa violência natural pode ameaçar nossa autonomia como agentes morais livres"[91]. Žižek ressalta que o terror garante a autenticidade do entusiasmo. Na política, obviamente, nunca há garantias. A única maneira de distinguir entre o verdadeiro e o falso entusiasmo é por meio de efeitos, resultados, trabalhos. O entusiasmo aumentou o trabalho do coletivo? Ele fortaleceu a determinação? Tornou os camaradas mais corajosos que antes? A versão de Žižek pode muito facilmente descambar para um entusiasmo pelo terror. Em contraste, o camarada acessa uma política disciplinada e alegre no lugar onde o entusiasmo gera coragem, a coragem para se adaptar às circunstâncias, para responder em momentos cruciais, para recuar para uma posição de força, para planejar contingências e para reconhecer que aprendemos com o povo quais táticas são as corretas.

* * *

"Camarada" é mais que uma forma de tratamento. Como figura de pertencimento político, "camarada" é um portador de expectativas para a ação – as expectativas que aqueles que estão do mesmo lado têm uns dos outros, expectativas que devem ser entendidas via Badiou como a "disciplina do acontecimento"[92]. A piada de Obama sobre Sanders que conto no primeiro capítulo identifica bem uma dessas expectativas: você não deve se distanciar de seus camaradas. Kollontai também afirma o fato de que a camaradagem implica mais que compartilhar crenças políticas; ela tem impacto prático, produz efeitos sobre aquilo que fazemos. A principal virtude dos camaradas é a solidariedade; a fidelidade é demonstrada por ações práticas, consistentes e confiáveis.

---

[91] Slavoj Žižek, *Less Than Nothing*, cit., p. 834, n. 46.
[92] Alain Badiou, *The Rebirth of History*, cit., p. 69.

As diferenças entre os partidos muitas vezes remontam ao que os camaradas podem esperar uns dos outros, ao que significa ser um camarada. Em termos gerais, na maioria dos partidos socialistas e comunistas revolucionários espera-se que os camaradas se engajem nas lutas dos oprimidos, se organizem para a revolução e mantenham certa unidade de ação. Sem expectativas de solidariedade, "camarada" como pronome de tratamento é um significante vazio. Em vez de figurar a relação política mediada pela verdade do comunismo, torna-se um aceno irônico ou nostálgico a uma esperança utópica do passado.

A fim de demonstrar como a figura do camarada pode ser um operador político para aqueles que se engajam na luta igualitária emancipatória, apresentei quatro teses:

1. "Camarada" dá nome a uma relação caracterizada por uma condição comum, pela igualdade e pela solidariedade. Para os comunistas, essa condição comum, a igualdade e a solidariedade são utópicas, rompendo as determinações da sociedade capitalista.

2. Qualquer um, mas nem todo mundo, pode ser um camarada.

3. O indivíduo (como lócus de identidade) é o "Outro" do camarada.

4. A relação entre camaradas é mediada pela fidelidade a uma verdade. As práticas de camaradagem materializam essa fidelidade, construindo essa sua verdade no mundo.

As duas primeiras teses expressam a negatividade disruptiva do camarada. Podemos pensar nessa ruptura como a saudação que interpela o interlocutor como um entre muitos, como alguém que está a nosso lado (não sozinho nem na condição de superior ou subordinado). As transcrições de congressos e reuniões do Partido Comunista registram pessoas discordando ferozmente umas das outras, mas, ainda assim, afirmando que sua discordância ocorre entre aqueles que compartilham uma mesma política. Eles com frequência se referem uns aos outros como "camarada". Às vezes, essa saudação é respondida de maneiras inesperadas. Considere a tumultuada reunião de três semanas do primeiro Congresso de Sovietes de Todas as Rússias, em Petrogrado, em junho de 1917. As divisões entre os partidos – os cadetes, os social-revolucionários, os mencheviques e os bolcheviques – se intensificavam. Trótski abriu um discurso com a palavra "camaradas" e foi interrompido aos gritos: "'Que tipo de camaradas nós somos para você?' e 'Pare de nos chamar de camaradas!'. Ele parou e se aproximou dos bolcheviques"[93]. Aqui, a negatividade disruptiva do camarada sinaliza o fim de uma relação e a consolidação de outra. Esclarecem-se os lados. As pessoas sabem ao lado de quem elas estão e quem está junto delas. De qualquer forma, as duas primeiras teses indicam a rejeição por parte do camarada de um imaginário ideológico ingênuo de todos em favor de uma subjetivação partidária.

As duas últimas teses comportam o trabalho que o lado produz sobre aqueles que se encontram juntos nele, de modo que estar do mesmo lado gera a relação de camaradagem, compondo as expectativas que os camaradas têm um do outro[94]. Camaradas colocam a identidade individual em segundo plano enquanto trabalham juntos por justiça. O desejo coletivo substitui a ficção de que o desejo pode ser individual. Isso obviamente não significa que os camaradas não reconheçam como as identidades atribuídas são veículos de opressão e discriminação, conforme exploro no segundo capítulo. Na verdade, a camaradagem é uma relação política não determinada por essas identidades nem tributária delas. A camaradagem gera novos valores, intensidades e possibilidades. A alienação das determinações opressivas do capitalismo induz à desalienação do engajamento coletivo a um propósito

---

[93] Isaac Deutscher, *The Prophet*, cit., p. 275.
[94] Alain Badiou, *Theory of the Subject*, cit., p. 277-8.

comum. Juntas, as quatro teses articulam um componente político genérico ativado por meio de uma fidelidade divisiva à luta igualitária emancipatória pelo comunismo. Um camarada é um entre muitos que lutam do mesmo lado.

No capítulo final, abordo o fim da camaradagem. O que acontece quando você não é mais meu camarada?

4
VOCÊ NÃO É MEU CAMARADA

Apresentei "camarada" como forma de tratamento, figura de pertencimento político e portador de expectativas. Ao dar forma à relação política entre aqueles que se encontram do mesmo lado, "camarada" promete alienação e realização: libertação das amarras do capitalismo patriarcal racista e uma nova relação nascida do trabalho político coletivo em direção a um futuro igualitário emancipatório. Indo além de certa noção de política como convicção e escolha individuais, "camarada" aponta as expectativas de solidariedade como indispensáveis à ação política. Compareçamos a reuniões a que talvez faltaríamos, fazemos trabalho político que possivelmente evitaríamos e procuramos estar à altura de nossas responsabilidades uns com os outros. Experimentamos a alegria da luta comprometida, a alegria de aprender pela prática. Superamos medos que poderiam nos arrebatar se tivéssemos de enfrentá-los sozinhos. Meus camaradas me fazem melhor e mais forte do que eu poderia ser sozinho.

Pense como é estranho usar "camarada" como autodescrição: "Sou um camarada". Em contraste com "sou um aliado", nunca se diz "sou um camarada". "Camarada" aponta imediatamente para outro que não sou eu, mas alguém que está comigo em uma luta comum. O termo força o reconhecimento do pertencimento político: "Eu tenho um camarada". Há alguém que vai espantar as moscas de minhas costas. O camarada é o grau zero do

148 | Camarada

comunismo porque muda nossa relação com nós mesmos, com os outros e com o mundo. Ele marca, assim, uma relação política para além do binarismo amigo-inimigo, chamando atenção para os efeitos que estar de um lado produz sobre aqueles que nele estão, sublinhando como seu compromisso compartilhado lhes devolve novas capacidades e efeitos e destacando como os integrantes de um partido são muito mais que sua soma.

Algumas pessoas à esquerda são céticas quanto a esse tipo de pertencimento político. Enxergando disciplina apenas como restrição, não como a decisão de construir uma capacidade coletiva, elas substituem a atualidade da luta e do movimento políticos pela fantasia de que a política pode ser individual. Essa substituição desconsidera o fato de que a camaradagem é uma escolha – tanto para a pessoa quanto para o partido ao qual ela se filia, conforme exploro adiante. Também ignora a qualidade libertadora da disciplina: quando temos camaradas, somos libertados da obrigação de ser, saber e fazer tudo por conta própria; há um coletivo maior dotado de uma linha, um programa e um conjunto de tarefas e metas. Também somos libertados de nossos impulsos (determinados pelo capitalismo comunicativo) de criticar e comentar notícias e acontecimentos no calor do momento. E, graças ao otimismo prático gerado pelo trabalho fiel, também nos livramos de certo cinismo que procura se passar por maturidade. A disciplina fornece o apoio que nos libera para cometer erros, aprender e crescer. Quando errarmos – e cada um de nós vai errar –, nossos camaradas estarão lá para nos segurar, nos ajudar a sacudir a poeira e nos colocar na linha. Não somos abandonados para dar conta sozinhos.

Infelizmente, esquerdistas desorganizados muitas vezes acabam presos à ilusão segundo a qual pessoas comuns espontaneamente criam novas formas de vida que inaugurarão um futuro glorioso. Essa ilusão não reconhece as privações e as descapacitações impostas por quarenta anos de neoliberalismo. Se austeridade, dívida, colapso das infraestruturas institucionais e fuga de capitais permitissem de fato o surgimento espontâneo de formas igualitárias de vida, não veríamos hoje por todo lado as enormes desigualdades econômicas, a intensificação da violência racializada, o declínio da expectativa de vida, a morte lenta, a falta de água potável, o solo contaminado, o policiamento e a vigilância militarizados e a desolação de bairros urbanos e suburbanos. O esgotamento dos recursos também inclui o esgotamento dos recursos humanos. Muitas vezes, as pessoas querem fazer algo, mas não sabem o que fazer nem como fazer. Elas podem estar isoladas em locais de trabalho não sindicalizados, sobrecarregadas com múltiplos trabalhos de horário flexível, exauridas de tanto cuidar de amigos e familiares. A organização disciplinada – a disciplina de camaradas comprometidos com a luta comum por um futuro igualitário emancipatório – pode ajudar aqui. Às vezes, queremos e precisamos que alguém nos diga o que fazer porque estamos cansados e sobrecarregados demais para descobrir por conta própria. Às vezes, quando recebemos uma tarefa como camarada, sentimos que nossos pequenos esforços têm significado e propósito maiores, talvez até um significado histórico mundial na antiga luta do povo contra a opressão. Às vezes, só de sabermos que temos camaradas que compartilham nossos compromissos, nossas alegrias e nossos esforços para aprender com as derrotas, o trabalho político se torna possível onde antes não era.

Alguns esquerdistas concordam com tudo que eu disse até agora, mas acrescentam alguns poréns. Não acabaremos decepcionados e traídos? No fim das contas tudo vai acabar fracassando (como tantas vezes ocorreu), não vai? E os danos que os camaradas causaram uns aos outros em nome da camaradagem? O que dizer da persistência do machismo, do racismo, da intolerância e do preconceito? E o que acontece quando não estamos mais do mesmo lado, quando não podemos mais dizer "nós" ou reconhecer

150 | Camarada

um lado? Essas questões nos levam a considerar o fim da camaradagem. A tendência crítica de rejeitar uma ideia por causa de uma série de possíveis fracassos futuros é generalizada nos meios de esquerda. Um verniz intelectual mascara uma falta de vontade política que não convenceria em nenhum outro contexto – não saia para tomar um café com tal pessoa, vai que você se apaixona e depois acaba tendo de passar por um divórcio custoso e desagradável; não fale em tal reunião, vai que você perde o fio da meada e acaba parecendo estúpido; não pratique esportes ou exercícios, você pode acabar se contundindo e, no fim das contas, nunca vai ser bom nisso; não viva, você inevitavelmente vai morrer. As preocupações com o fim eclipsam as possibilidades de começo. Sim, relacionamentos terminam. Fracassos acontecem. Mas não se deve temer o fracasso – é algo com que se aprender, um passo seguinte. Este capítulo procura aprender com o fim da camaradagem. Ele considera quatro tipos de término: expulsão, renúncia, afastamento e o fim do mundo. Esses quatro tipos nem sempre são distintos. Às vezes, um se mistura com o outro. No entanto, eles revelam os caminhos em que a perda da camaradagem tem diferentes causas e efeitos, diferentes resultados e consequências. Eles nos lembram de que a existência de um fim não deve inibir seu começo.

Expulsão

Desde pelo menos os Tribunais de Moscou na década de 1930, liberais e socialistas vêm ridicularizando os partidos comunistas pelo fato de estes expulsarem seus membros. A expulsão soa como uma indicação de dogmatismo e intolerância, uma falha de inclusão democrática. Por certo esse escárnio é inconsistente, na medida em que certos liberais e socialistas hoje criticam os partidos comunistas por machismo e racismo (como se já não houvesse nenhuma crítica interna sendo feita sobre isso). A inconsistência decorre do fato de que a expulsão tem sido uma ferramenta usada pelos comunistas para resolver problemas e impor mudanças. Do ponto de vista dos comunistas, a expulsão é uma questão de disciplina. Um camarada em quem não podemos mais confiar para lutar junto conosco por um futuro comum, que em vez disso está seguindo seu próprio rumo, talvez precise ser expulso. Não podemos nos ver do mesmo lado porque ele não parece trabalhar em prol dos objetivos que todos nós compartilhamos. Como observou Trótski no XI Congresso do Partido: "Era inadmissível [...] que os membros do partido se referissem a seus camaradas e líderes em termos de 'nós' e 'eles', pois, se o fizessem, eles estariam, quaisquer que fossem suas intenções, se opondo ao partido"[1]. Nosso lado se fragmenta, e a sensação de que o mesmo pode ser esperado de todos dá margem para a consciência de que as facções estão unidas em torno das próprias expectativas.

As expulsões mais infames foram as de bolcheviques, à medida que o Partido Comunista da União Soviética mastigava e cuspia fora alguns de seus melhores líderes: Trótski, Bukhárin, Zinóviev, Kámenev e muitos outros. Essas expulsões não aconteceram do nada. Ainda em 1921, o partido já havia expurgado 200 mil de seus integrantes[2]. No entanto, como conta Deutscher, a combinação da persistência das expectativas de camaradagem com as disputas de poder entre facções que levavam às expulsões era insuportavelmente trágica. Por exemplo, ao deliberar sobre uma proposta de expulsão de Trótski, o Comitê Central e a Comissão Central de Controle demonstram objeções:

> Ainda enredados em fragmentos de antigas lealdades, ainda pensando em seus adversários como camaradas, ainda preocupados com as

---

[1] Isaac Deutscher, *The Prophet: The Life of Leon Trotsky* (Londres, Verso, 2015), p. 857 [ed. bras.: *Trótski: o profeta armado*, trad. Waltensir Dutra, São Paulo, Civilização Brasileira, 1984].

[2] Ibidem, p. 560.

152 | Camarada

sutilezas dos estatutos do partido e ansiosos por preservar as aparências do decoro bolchevique, eles procuraram mais uma vez se reconciliar com a oposição.[3]

Camaradas dão uma chance uns aos outros. Antes da expulsão, a maioria dos bolcheviques pressupunha a camaradagem, uma suposição compartilhada até mesmo por aqueles que viriam a expulsá-los. Como escreve Deutscher, "muitos stalinistas e bukharinistas viam com desconforto a ideia de se tornarem perseguidores e carcereiros de seus próprios camaradas e companheiros de armas"[4]. Eles superaram esse desconforto. Deutscher relata a cena de quando Trótski foi arrastado para o trem que o levaria para fora de Moscou. Um dos filhos de Trótski se dirigiu aos ferroviários: "Vejam, camaradas [...] vejam como estão levando o camarada Trótski". Os trabalhadores observaram parados. "Não se emitiu nenhum grito, nem mesmo um murmúrio de protesto."[5]

Talvez mais reveladora – porque menos conhecida e, portanto, menos suscetível a explicações simples e menos facilmente lida como sintomática de algum defeito interno intrínseco – seja uma expulsão que ocorreu no Partido Comunista dos Estados Unidos em 1931. Concentro-me nesse exemplo não por ter algum paralelo com a expulsão de Trótski, mas justamente por não o ter. Assim, ele nos mostra por que a expulsão pode ser valiosa e necessária e como seus benefícios se estendem do camarada ao partido e ao povo. Em 1931, o CPUSA conduziu um enorme tribunal no Harlem. August Yokinen, trabalhador finlandês, foi julgado por preconceito racial, por defender a superioridade branca e por expor opiniões prejudiciais à classe trabalhadora. Cerca de 1.500 trabalhadores negros e brancos participaram do julgamento, que

---

[3] Ibidem, p. 906.
[4] Ibidem, p. 921.
[5] Ibidem, p. 946.

foi realizado no Harlem Casino, um dos maiores auditórios da região[6]. Um júri composto de catorze trabalhadores, sete negros e sete brancos, apresentou o veredicto.

Os eventos que antecederam o julgamento de Yokinen ocorreram em um clube finlandês no Harlem. Certa noite, três trabalhadores afro-americanos compareceram a um baile que o clube organizara. Eles foram admitidos com relutância, mas a hostilidade de alguns dos trabalhadores brancos foi tal que os trabalhadores negros logo sentiram que era o caso de sair dali. Yokinen era um dos vários membros do partido presentes no baile. Nenhum deles defendeu os trabalhadores negros, o que significava que todos deixaram de cumprir com "responsabilidades e deveres enquanto membros do partido"[7]. Os integrantes brancos do partido não assumiram "uma posição decisiva em defesa do direito dos trabalhadores negros de frequentar o baile junto com os trabalhadores brancos"[8]. Eles falharam em colocar em prática a igualdade de direitos. Em vez disso, tentaram amenizar a situação.

O Comitê do Partido Comunista da seção do Harlem investigou o assunto, questionando "os camaradas do clube finlandês"[9]. Os camaradas finlandeses "admitiram seu erro [...], *todos exceto o camarada Yokinen*"[10]. Yokinen tentou justificar seu comportamento dizendo que temia que os trabalhadores negros entrassem no salão da piscina, uma sala de banho, "e que ele, pelo menos, não queria se banhar com negros"[11].

---

[6] Mark Naison, *Communists in Harlem during the Depression* (Nova York, Grove, 1983), p. 47.

[7] CPUSA, *Race Hatred on Trial* (Nova York, Workers Library, 1931), p. 7.

[8] Idem.

[9] Ibidem, p. 8.

[10] Idem, itálicos do original.

[11] Idem. O banheiro era usado para banhos públicos.

No julgamento de Yokinen, Clarence Hathaway, o editor do *Daily Worker*, apresentou o caso em nome da acusação. Richard B. Moore, "o maior orador negro do partido", fez a defesa[12]. Ambos os discursos detalharam para o público a posição do Partido Comunista de que a luta pela liberdade dos negros e pela igualdade racial era fundamental para a luta da classe trabalhadora. Ambos enfatizaram o compromisso do partido de eliminar o chauvinismo branco de suas fileiras. Ambos concordaram que Yokinen era culpado. A defesa apresentou uma declaração dele (traduzida do finlandês, pois Yokinen não era fluente em inglês) na qual admitia a culpa e prometia retificar seus atos por meio de um trabalho concreto para eliminar o preconceito racial e apoiar a luta pela libertação negra. O desacordo entre a acusação e a defesa foi quanto à pena: se Yokinen deveria ser expulso do Partido Comunista ou colocado em liberdade condicional.

Os argumentos de Hathaway em defesa da expulsão concentraram-se em como Yokinen era culpado de opiniões e práticas que prejudicavam a unidade de classe e violavam as leis fundamentais do Partido Comunista. Ele comprometia a unidade de classe de várias maneiras. Em primeiro lugar, o promotor afirmou que o acusado reproduzia as "mentiras de superioridade branca desenvolvidas conscientemente pelos capitalistas e pelos proprietários de escravos do Sul"[13]. Hathaway reconhecia, assim, que Yokinen não havia tirado da própria cabeça suas visões preconceituosas, mas estava reproduzindo ideias que ouvira de outros. Essas ideias vinham sendo "sistemática e persistentemente implantadas entre os trabalhadores deste país pelos capitalistas". Yokinen, portanto, estava operando como um "fonógrafo para os capitalistas"[14].

---

[12] Mark Naison, *Communists in Harlem during the Depression*, cit., p. 47.

[13] CPUSA, *Race Hatred on Trial*, cit., p. 9.

[14] Idem.

Hathaway explicou ao júri e ao público que os capitalistas promoviam a superioridade branca para justificar a "exploração brutal e a perseguição cruel das massas negras pelos capitalistas nos Estados Unidos"[15]. Desse modo, mesmo a menor das expressões de superioridade racial convertia os trabalhadores brancos em "agentes da burguesia no interior do movimento da classe trabalhadora"[16]. Ao reproduzir visões racistas em vez de agir de acordo com as expectativas igualitárias do Partido Comunista, Yokinen estava minando os esforços do partido para construir unidade entre trabalhadores negros e brancos.

O segundo argumento de Hathaway era que Yokinen apoiava indiretamente a dupla opressão dos trabalhadores negros. Hathaway lembrou a todos os presentes no julgamento que a ideologia da superioridade branca e do ódio racial era a base da prática de linchamento e do sistema Jim Crow. Disse aos trabalhadores ali reunidos:

> O camarada Yokinen obviamente é contra tudo isso. Ele é contra o linchamento e a perseguição. Inconscientemente, no entanto, o camarada Yokinen enfraquece com suas teorias todos os esforços para fazer acontecer a unidade entre os trabalhadores brancos e negros na luta comum contra os implacáveis e sangrentos exploradores.[17]

Para arrematar seu argumento sobre a seriedade do crime de Yokinen, Hathaway observou que 43 "trabalhadores negros e agricultores pobres foram linchados no ano passado"[18]. Para ele, esses crimes eram uma resposta à coragem e à militância dos negros, enquanto os brancos do Sul costumavam apresentar o linchamento

---

[15] Ibidem, p. 11.
[16] Ibidem, p. 13.
[17] Ibidem, p. 12.
[18] Ibidem, p. 14.

156 | Camarada

mentirosamente como uma reação às acusações de estupro. Hathaway explicou:

> Quando se vai à raiz desses casos de "estupro", verifica-se que não há estupro, mas que o negro foi linchado por se recusar a aceitar a prestação de contas que lhe foi apresentada pela loja do senhor de terras. Eles se recusam a ser escravizados pelos proprietários fundiários, e foi principalmente por essas razões que 43 linchamentos ocorreram no ano passado.[19]

No contexto de linchamento e do sistema Jim Crow, o fracasso de Yokinen em acolher e apoiar de forma prática trabalhadores negros o posicionou do lado dos linchadores e proprietários de terras. Em vez de fazerem avançar a brava luta dos trabalhadores e agricultores negros, as ações do réu comprometeram-na. Seu chauvinismo branco impossibilitava o desenvolvimento da unidade de classe, fortalecendo, assim, "os inimigos dos trabalhadores: capitalistas e latifundiários"[20]. A posição do Partido Comunista, porém, era de que a supremacia branca deveria ser "categoricamente condenada como contrária à classe trabalhadora"[21]. Yokinen não sustentou essa posição; por isso, deve ser expulso.

O terceiro argumento de Hathaway sustentava que Yokinen, a quem ele se referiu ao longo de todo o julgamento como "camarada Yokinen", teria violado as visões do partido. A acusação afirmou repetidas vezes o compromisso do Partido Comunista com a "completa e incondicional igualdade para os negros"[22]. Isso significava a abolição de leis e práticas discriminatórias contra negros no mercado de trabalho, no acesso à moradia e no direito ao voto; leis que proibiam o casamento inter-racial; e o leque mais amplo

---

[19] Idem.
[20] Ibidem, p. 16.
[21] Idem.
[22] Ibidem, p. 17.

de práticas sociais que perpetuavam a hierarquia racial, como dançar e se banhar no Clube Finlandês. Mark Naison enfatiza o caráter de "marco histórico" dessa abordagem do partido frente às relações raciais: "Nunca antes um movimento político, socialista ou não, havia tentado criar uma comunidade inter-racial que se estendesse para [a] esfera pessoal e definisse a participação nessa comunidade como um dever político"[23]. A camaradagem precisava ter impacto na vida cotidiana. Para ilustrar o quanto o Partido Comunista estava comprometido completa e incondicionalmente com a igualdade racial, Hathaway contou a história do camarada Dunne, um organizador do partido que havia pouco discursara no Sul do país. O organizador foi questionado se gostaria que sua irmã um dia resolvesse "se casar com um cri--lo". O camarada Dunne respondeu que "preferia que sua irmã se casasse com um negro militante e combativo, determinado a garantir igualdade, a vê-la casada com qualquer chauvinista branco covarde"[24]. O público aplaudiu. Quando Yokinen deixou de sustentar o compromisso do partido com a igualdade racial na prática, observou Hathaway, ele deu aos trabalhadores negros um bom motivo para não esperarem nada além de traição.

Em contraste com as ações de Yokinen, Hathaway ressaltou o compromisso que o Partido Comunista tinha com a autodeterminação dos negros no Cinturão Negro (discutido no segundo capítulo deste livro). Ele explicitou aos trabalhadores negros e brancos ali presentes a diferença entre a linha do Partido Comunista e a posição garveyista de que os afro-americanos deveriam retornar à África.

> Dizemos que as massas negras ajudaram a construir este país, a estabelecer suas instituições e a criar sua riqueza. Essas massas negras

---

[23] Mark Naison, *Communists in Harlem during the Depression*, cit., p. 47.
[24] CPUSA, *Race Hatred on Trial*, cit., p. 18.

158 | Camarada

hoje são tão estadunidenses quanto qualquer um de nós aqui. Elas têm o direito de viver neste país em condições de total liberdade.[25]

Uma vez que os afro-americanos haviam trabalhado nos campos que geraram a riqueza do Sul dos Estados Unidos, essa terra pertencia a eles por direito. Assim, o Partido Comunista estava lutando para tirar essas terras das mãos dos latifundiários do Sul e entregá-las aos meeiros e arrendatários.

Hathaway concluiu reiterando que era dever dos trabalhadores brancos derrotar a prática do linchamento e "partir, sem hesitação, para cima de qualquer pessoa que golpear um negro no rosto, que perseguir uma pessoa negra"[26]. Na medida em que a luta pela igualdade de direitos dos negros era crucial para a luta proletária, o Partido Comunista precisava provar na prática que estava empenhado em eliminar todo e qualquer vestígio de chauvinismo branco. E tinha de demonstrar esse compromisso expulsando Yokinen do partido. Ainda assim, Hathaway não deixou de oferecer ao réu um caminho de volta ao partido. Se Yokinen lutasse ativamente contra a supremacia branca, vendendo o jornal negro *The Liberator* e relatando o desenrolar de seu julgamento no Clube dos Trabalhadores Finlandeses, então lhe seria permitido submeter um pedido de readmissão ao partido.

A defesa de Moore se concentrou na justiça da classe trabalhadora: o princípio que deveria decidir a punição de Yokinen envolvia assegurar "o desenvolvimento da luta da classe trabalhadora e a unidade de todos os labutadores oprimidos"[27]. Lembrando ao júri que Yokinen passara a admitir sua culpa, Moore anunciou: "Mas não é apenas o camarada Yokinen que está sendo julgado aqui. Não, meus companheiros trabalhadores, o perverso *sistema*

---

[25] Ibidem, p. 19.
[26] Ibidem, p. 21.
[27] Ibidem, p. 27.

capitalista que explora todos os trabalhadores, esse sistema vil, corrupto e opressor, é o principal criminoso deste tribunal da classe trabalhadora"[28]. São os latifundiários e a burguesia que espalham o veneno do ódio racial – auxiliados por oportunistas sindicais e socialistas. O que Moore queria dizer não era que Yokinen não deveria ser responsabilizado. O caso é que ninguém era inocente. Cada aspecto do imperialismo capitalista dissemina a ideologia corrupta da superioridade branca. Moore dirigiu ainda sua crítica ao próprio Partido Comunista, indagando até que ponto ele havia feito o trabalho educacional necessário para combater o ódio racial. Ele havia desenvolvido programas para o movimento operário explicando a importância da luta contra o linchamento? Havia mesmo feito um grande esforço para erradicar o preconceito? Moore declarou que a resposta a essas questões era "não". O partido compartilhava do crime de Yokinen. Expulsar o camarada Yokinen não removeria a "mácula de chauvinismo" do partido nem o libertaria de seu preconceito[29]. Moore concluiu, assim, que a autocrítica, não a expulsão, era o melhor caminho. A autocrítica permitiria ao partido provar seu compromisso por meio de seus atos e "realmente trabalhar e lutar lado a lado com as massas negras duplamente oprimidas, contra o sistema de linchamento Jim Crow dos patrões e por igualdade e autodeterminação plenas"[30]. Um benefício adicional, Moore argumentou, era que a autocrítica pouparia Yokinen para a luta, fator crucial, visto que era preciso agregar cada trabalhador no esforço de derrubar o sistema.

Moore enfatizou a gravidade da expulsão:

> Devemos lembrar que um veredito de expulsão em desgraça do Partido Comunista é considerado por um trabalhador com consciência de

---

[28] Idem.

[29] Ibidem, p. 32.

[30] Idem.

160 | Camarada

classe algo pior que a morte nas mãos dos opressores burgueses. Quanto a mim, digo que prefiro ter a cabeça arrancada de meu corpo pelos linchadores capitalistas a ser expulso da Internacional Comunista.[31]

Ser desligado do partido, separado dos camaradas e privado da camaradagem é um destino pior que a morte. É o tipo de morte social na qual um trabalhador se torna um estranho perante seu próprio movimento, uma pessoa tão ruim ou mesmo pior que os próprios capitalistas. Moore traçou um panorama vívido da luta global da classe trabalhadora contra o imperialismo. Ele traçou pontes entre o "terror, o sofrimento e a miséria dos trabalhadores negros" e a condição dos trabalhadores e camponeses russos, dos trabalhadores oprimidos na Finlândia, dos trabalhadores chineses massacrados pelo Kuomintang, dos trabalhadores colonizados na Índia e de todas as massas oprimidas pelo governo imperialista social-fascista britânico na África e em outras colônias. Se o camarada Yokinen fosse expulso, ele ficaria perdido, sem mundo, sozinho.

Moore concluiu que Yokinen deveria ser condenado, mas argumentou que "devemos, antes de mais nada, condenar o sistema sanguinário, brutal e perverso do capitalismo que produz desemprego e arrocho salarial, que gera fome e miséria, que concebe linchamento e terror, que engendra preconceito racial e nacionalista"[32]. O partido deveria salvar e educar seu camarada, colocando-o sob observação e dando-lhe uma chance de provar que ele seria capaz de lutar "pela unidade da classe trabalhadora"[33]. Deveria também se engajar na luta implacável contra o chauvinismo branco e qualquer outra coisa que ameaçasse a unidade de classe.

---

[31] Idem.
[32] Ibidem, p. 36.
[33] Idem.

O júri considerou Yokinen culpado, o que não era de surpreender, pois ele já havia admitido culpa. Eles concordaram em expulsá-lo, mas ficaram divididos quanto à duração da expulsão, se seriam seis ou doze meses. Acataram as sugestões da acusação sobre como Yokinen poderia agir a fim de reparar seus erros: relatando o desenrolar de seu julgamento no Clube Finlandês; lutando para que o clube admitisse trabalhadores negros; "participando ativamente da luta contra o chauvinismo branco em todo o Harlem"; juntando-se à League of Struggle for Negro Rights [Liga de Luta pelos Direitos do Povo Negro]; vendendo o jornal *The Liberator*; e assumindo um papel ativo no combate ao chauvinismo branco em todas as organizações a que ele pertencia[34]. Embora Yokinen tenha sido expulso, ele permaneceu sendo um camarada. O julgamento resultou em uma decisão que afirmava o papel dele na luta de classes, um papel focado na eliminação do chauvinismo branco. O partido não o desligou. Foi-lhe oferecido um caminho de volta.

No dia seguinte ao julgamento, Yokinen foi preso e detido para deportação[35]. O *Daily Worker* explicou que a burguesia esperava que ele se tornasse um informante depois de ter sido expulso do partido. Em vez disso, Yokinen se comprometeu a lutar pela igualdade racial e pela solidariedade da classe trabalhadora. Implorando para que os leitores defendessem o camarada Yokinen, o jornal declarou:

> Assim como aqui os negros são linchados e queimados na fogueira, lá os trabalhadores revolucionários são assassinados. E o camarada Yokinen, que no domingo se preparou para lutar contra os linchadores neste país, agora será enviado para os açougueiros finlandeses.[36]

---

[34] Ibidem, p. 46-7.
[35] "Deported for Abandoning White Chauvinism", *Daily Worker*, 11 jan. 1933.
[36] "Defend Yokinen", *Daily Worker*, 4 mar. 1931.

162 | Camarada

Em retrospecto, pode parecer que o *Daily Worker* estivesse só se aproveitando da situação para, da boca para fora, promover a linha do partido de centralidade do combate à supremacia branca para a luta proletária. Um ano e meio depois da prisão inicial, no entanto, o jornal citou a Corte de Apelações dos Estados Unidos, que tinha mantido a ordem de deportação. Observando a expulsão de Yokinen, o tribunal argumentou que "basta o fato de que o estrangeiro Yokinen tenha se comprometido a realizar certas tarefas prescritas pelo Partido Comunista para garantir sua reintegração. Com base nisso, o relator já é passível de ser deportado"[37]. Isso confirma que Yokinen estava de fato sendo deportado por concordar em seguir a linha do Partido Comunista e se dedicar à luta pela libertação dos negros. O jornal citava Yokinen: "Um comunista deve ser fiel a seu partido e cumprir seus princípios não só com palavras, como também com atos. Eu cumpri esses princípios. Prefiro ser deportado a ser falso com eles e perder a confiança de meus camaradas"[38].

A história de August Yokinen não é exatamente uma história de fim de camaradagem. Mesmo tendo sido expulso do partido, o partido não o privou da camaradagem. Pelo contrário, a International Labour Defense [Defesa Internacional do Trabalho], apoiada pelo Comintern, defendeu-o durante suas audiências de deportação. Yokinen foi expulso, mas não banido para sempre. A expulsão era um término, mas não era um término completo ou final; era um momento. Isso nos dá uma visão do fim da camaradagem que Harry Haywood associa à retificação[39]. Camaradas cometerão erros, erros que violarão os princípios do partido e

---

[37] "Deported for Abandoning White Chauvinism", cit.

[38] Idem.

[39] Harry Haywood, *Black Bolshevik: Autobiography of an Afro-American Communist* (Chicago, Liberator, 1978), p. 587-8.

Você não é meu camarada | 163

prejudicarão a luta proletária, erros que devem ser condenados. Mas isso não significa que eles precisem se desligar para sempre. A justiça dos trabalhadores e os princípios comunistas exigem que seja oferecida aos camaradas uma chance de retorno.

Haywood trata o julgamento de Yokinen como a prática correta. No início dos anos 1950, as práticas do CPUSA já haviam se degenerado. Não havia mais caminho de volta depois que a camaradagem de alguém chegava ao fim. Ex-camaradas passaram a ser completamente excluídos. Parte do contexto dessa degeneração era a pressão crescente exercida pelo anticomunismo da Guerra Fria sobre o partido. Em 1948, doze líderes do partido foram presos. O julgamento deles começou no ano seguinte e veio a ser um dos processos jurídicos mais longos e mais amplamente divulgados da história dos Estados Unidos. Onze dos doze líderes foram considerados culpados (por conta de uma doença, o 12º deles, William Z. Foster, não chegou a ser julgado). Em 1950, foi aprovada a Lei McCarran de Segurança Interna, que exigia o registro de todas as organizações comunistas. Também conhecida como Lei de Controle de Atividades Subversivas, a legislação endureceu as leis de deportação e tornou crime a organização de piquetes em tribunais federais. Estabeleceu ainda que o procurador-geral poderia criar centros de detenção para pessoas suspeitas de subversão. O Partido Comunista reagiu desfazendo alguns de seus braços e colocando membros na clandestinidade, movimentos que Haywood considera histéricos e liquidacionistas[40]. Ao mesmo tempo, a presença de infiltrados da polícia e do FBI tornava o trabalho do partido cada vez mais difícil: provocadores tentavam incitar ações violentas e ilegais, colocando membros do partido em risco, minando a confiança e desgastando a camaradagem.

---

[40] Ibidem, p. 585.

164 | Camarada

O partido também vinha se deslocando para a direita. A guinada à direita já havia começado antes, sob a liderança de Earl Browder. Como explica Haywood, Browder deu destaque à unidade nacional estadunidense. Capital e trabalho, na visão dele, podiam trabalhar de mãos dadas em nome do pleno emprego, da prosperidade e do crescimento econômico. Como parte desse processo geral de desradicalização do comunismo estadunidense, Browder abandonou a ênfase no direito de autodeterminação dos afro-americanos (e foi questionado por Claudia Jones em um artigo que deflagrou um intenso debate em todo o partido)[41]. Browder acreditava que "os negros já haviam atingido plena igualdade" e "já tinham exercido seu direito histórico à autodeterminação e optado por se integrar ao país como um todo"[42]. Embora Browder tenha acabado expulso tempos depois, o foco do partido no trabalho de coalizão, de alianças progressistas e reformismo teve seguimento.

Foi nesse contexto que Haywood falou na "guerra falsa" do partido contra o chauvinismo branco[43]. O abandono do partido de seu compromisso anterior com a autodeterminação afro-americana, junto com a guinada à direita, criou uma situação na qual atitudes e práticas racistas puderam voltar à tona. De acordo com Haywood, o partido deveria ter respondido com uma nova campanha educacional, com trabalho de base e uma "reafirmação de nossa linha revolucionária"[44]. Em vez disso, "lançou-se em uma espécie de cruzada moral completamente divorciada do trabalho de massa"[45]. Escreve Haywood:

---

[41] Ibidem, p. 543.
[42] Ibidem, p. 531-2.
[43] Ibidem, p. 586.
[44] Idem.
[45] Ibidem, p. 587.

Recusando-se a examinar todas as implicações da opressão dos negros enquanto opressão nacional, assumiu-se que era possível erradicar as práticas chauvinistas pela eliminação das ideias e atitudes equivocadas presentes na militância de base do partido. O chauvinismo branco passou a ser considerado uma espécie de fenômeno; uma coisa em si, dissociada da luta pelos direitos dos negros e da revolução proletária.[46]

Se o partido tivesse se envolvido nas lutas populares pela libertação negra, isso teria treinado seus membros sobre como e por que se opor à supremacia branca. Mas o partido optou por abrir investigações e audiências, por censurar e expulsar até mesmo membros antigos. Em vez de se engajar no tipo de organização popular que havia garantido o apoio e o respeito de muitos afro-americanos, o partido começou a medir seu compromisso com a libertação negra pelo "número de camaradas contra os quais foram tomadas ações disciplinares"[47].

Haywood relata que a disputa durou "uns bons quatro anos", tornando-se cada vez mais virulenta à medida que camaradas negros passaram a abraçar um nacionalismo estreito que os empoderava para tratar qualquer discordância com camaradas brancos como indicativo de chauvinismo branco e à medida que camaradas brancos abdicavam cada vez mais da responsabilidade de mobilizar trabalhadores brancos em nome da libertação negra[48]. Os camaradas brancos recuaram a uma posição de paternalismo racista, passando a enxergar todas as pessoas negras, "independentemente de sua classe", como revolucionárias[49]. Haywood recorda:

---

[46] Idem.
[47] Ibidem, p. 588.
[48] Ibidem, p. 589.
[49] Idem.

166 | Camarada

Os camaradas brancos passaram a ter medo de visitar camaradas negros, com receio de que fizessem ou dissessem algo que pudesse ser considerado chauvinismo branco. A guerra transbordou até para a esfera da semântica. Camaradas que usassem expressões como "café preto" e "ovelha negra" eram passíveis de ser acusados de chauvinismo.[50]

A esposa de Haywood, Belle, uma mulher branca, foi acusada de chauvinismo branco por um estudante negro na Jefferson School. O estudante disse acreditar que as mulheres brancas que se casam com homens negros "são mais chauvinistas que outras mulheres"[51]. A campanha tornou-se tão intensa que praticamente todo o braço do partido em Denver foi liquidado[52]. Longe de eliminar o racismo, a falsa guerra contra o chauvinismo branco "semeou hostilidade, amargura e desconfiança entre camaradas que antes eram próximos"[53].

Nem todos os camaradas de Haywood concordavam que a guerra contra o racismo no partido era falsa. O roteirista de Hollywood Paul Jarrico, um chefe de seção do CPUSA frequentemente identificado como comunista durante as audiências do Comitê de Atividades Antiamericanas da Câmara, considerava que uma das poucas questões a respeito das quais o partido estava indubitavelmente correto era a "luta contra o chauvinismo branco". Como ele disse em uma entrevista:

Nenhum de nós que participou daquelas lutas tem do que se envergonhar, jamais. Pelo contrário, temos muito do que nos orgulhar. É muito legal dizer que você é contra o chauvinismo branco e contra

---

[50] Idem.
[51] Ibidem, p. 591.
[52] Ibidem, p. 592.
[53] Ibidem, p. 594.

Você não é meu camarada | 167

o racismo, mas nós crescemos em uma sociedade envenenada pelo racismo. Como você faz para se livrar desse veneno?[54]

As expulsões são uma das formas pelas quais a camaradagem termina. É fácil perceber isso no caso do indivíduo expulso. A lembrança de Haywood de uma época em que as expulsões corriam soltas, em que o partido mergulhou em um frenesi autodestrutivo, nos permite enxergar o impacto mais amplo da expulsão. A paranoia mina a confiança necessária para a crítica e a autocrítica próprias da camaradagem. Ao voltar-se a si próprio, o partido virou as costas para a luta de massas, afastando-se das campanhas, das organizações e do trabalho popular que haviam sido meios de luta ativa em prol da libertação negra. Ao deixar de ser um instrumento de luta, o partido desintegra-se em um campo de luta. Camaradas convertem-se em combatentes e depois viram baixas, isolados do mundo que antes habitavam.

O ex-camarada está socialmente morto, desvinculado das atividades e das relações que um dia sustentaram sua vida política. Durante seu julgamento, Bukhárin descreveu a situação do expulso como "isolado de todos, um inimigo do povo, posto em uma posição desumana, completamente isolado de tudo que constitui a essência da vida"[55]. Pouco importa se o camarada estivesse certo, se fosse íntegro ou tivesse bons motivos para ter feito o que fez. Sozinhos, por conta própria, eles não estão com o partido. Seu trabalho e suas ações não estão alinhados com a luta mais ampla. Para Jessica Mitford, a expulsão era semelhante a ser "lançado nas trevas, o choro e o ranger de dentes". O caráter infernal da expulsão

---

[54] Patrick McGilligan e Paul Buhle, *Tender Comrades: A Backstory of the Hollywood Blacklist* (Minneapolis, University of Minnesota Press, 1997), p. 333.
[55] "Moscow Trials: The Case of Bukharin; Last Plea – Evening Session, March 12". Disponível em: <https://www.marxists.org/archive/bukharin/works/1938/trial/3.htm>; acesso em: 10 maio 2021.

não dizia respeito apenas a ser exilado da política; tratava-se da perda de todo o ser social de uma pessoa. Mitford escreve:

> Uma vez expulso, o antigo membro era "posto sob não associação", o que significa que de um golpe só ele ou ela era desligado(a) para sempre não apenas da organização e de todas as suas atividades, como de todo um círculo de amigos e conhecidos de longa data. Continuar a encontrar uma pessoa que estivesse sob não associação já era em si uma das mais graves violações de disciplina, infração que chegava a configurar causa de expulsão.[56]

Falando da posição do partido, a ex-integrante do CPUSA Sophie Chessler explica:

> Não é que não nos sentíssemos mal quando alguém era expulso. Pois nos sentíamos, *sim*. Muito mal. Mas a disciplina do partido precisava ser mantida e defendida a todo custo. Esse era um fundamento que ninguém questionava. E, quando alguém acabava expulso, era porque – e isso nós sempre pudemos ver *limpidamente* – a disciplina partidária estava sendo ameaçada.[57]

Mas, como aprendemos com o julgamento de Yokinen, há outros caminhos. Camaradas podem receber uma nova chance. Quando a dimensão superegoica da disciplina assume o controle, esse tipo de alternativa se perde. O desejo coletivo por coletividade se converte em busca por uma pureza impossível, como se essa pureza fosse capaz de instalar o elemento necessário para garantir que o partido resista em um contexto difícil e incerto. Prometendo alívio para os problemas que o partido enfrenta, a prática da expulsão acaba operando, em vez disso, como um impeditivo para lidar com os problemas de forma crítica e direta.

---

[56] Jessica Mitford, *A Fine Old Conflict* (Nova York, Vintage, 1978), p. 127.

[57] Vivian Gornick, *The Romance of American Communism* (Nova York, Basic, 1978), p. 176.

O medo torna impossível a autocrítica. É quase como se o macarthismo que ameaçava o partido a partir de fora com prisões e deportações se manifestasse no interior do partido na forma de inquisições e expulsões. Mas apenas quase: o chauvinismo branco era real, como indicam não apenas certas atitudes da militância de base, mas também a própria mudança na linha do partido sobre a questão da autodeterminação negra.

Renúncia

Enquanto a expulsão é uma forma que o partido tem de declarar o fim da camaradagem, a renúncia ocorre quando o camarada percebe que já não está mais do mesmo lado que seu grupo ou seu partido. No inverno de 1962, C. L. R. James se desligou do *Correspondence*, um jornal operário que ele havia fundado no início da década anterior. A editora do *Correspondence*, Grace Lee, e o diretor da publicação, James Boggs, tinham se recusado a publicar alguns artigos de James debatendo um livro de Raymond Williams. A questão era se os artigos seriam assuntos de deliberação interna sobre a linha e a direção da organização ou se seriam de interesse mais amplo. James levou a questão a um grupo maior, o dos comitês editoriais da *Correspondence*. A maioria foi favorável à publicação dos artigos. Lee e Boggs, entretanto, se recusaram a publicá-los e racharam a organização.

As questões políticas subjacentes a essa cisão já vinham fermentando havia algum tempo. Elas envolviam a posição do jornal sobre sindicatos, elites, marxismo, o caráter das lutas nos Estados Unidos e "a capacidade revolucionária da classe trabalhadora"[58]. Meu interesse aqui está menos nos detalhes da disputa que na maneira como a figura do camarada aparece na resposta de James.

---

[58] Martin Glaberman, introdução a J. R. Johnson, *Marxism and the Intellectuals* (Detroit, Facing Reality Publishing Committee, 1962), p. 2.

170 | Camarada

Na primeira das três passagens de sua declaração ao conselho editorial, James apresenta um compromisso com os princípios marxistas como sendo a base para a camaradagem.

Aqueles que declaram que os próprios fundamentos do marxismo são matéria de discussão não são mais marxistas. Sou incapaz de manter qualquer associação que seja com pessoas que se dizem marxistas e se comportam dessa forma. Da minha experiência, os que procuram caminhos novos e rápidos para sair do marxismo sem, contudo, estarem dispostos a admitir sua ruptura com ele geralmente se tornam os inimigos mais amargos e inescrupulosos de seus antigos camaradas.[59]

Na segunda passagem, James explica o porquê de sua renúncia:

Os mesmos motivos que me levaram a fundar a organização e permanecer dedicado a ela por vinte anos agora me obrigam a cortar todas as ligações com aqueles que subscrevem àquela resolução que expressa a destruição de tudo o que sempre defendemos. Permaneço, como sempre fui, o inimigo ferrenho de todos aqueles que, se dizendo marxistas, acreditam que a construção do socialismo pelo proletariado é uma questão a ser discutida.[60]

E, na terceira passagem, James se dirige a amigos, camaradas e inimigos:

Para todos aqueles que ainda aceitam os fundamentos do marxismo e do nosso movimento, continuo sendo não apenas um camarada (que, com tudo o que isso implica, vem em primeiro lugar para mim), na esperança de que nada jamais fará com que eu me afaste dessa colaboração e simpatia pessoal de camaradagem que sempre associei à prática do marxismo. [...] O mundo à volta está em tormento social e espiritual precisamente por conta do abandono da ideia de

---

[59] "The Destruction of a Workers Paper: A Statement to the Editorial Board", em J. R. Johnson, *Marxism and the Intellectuals*, cit., p. 20.
[60] Ibidem, p. 21.

que o proletariado é a única parte da sociedade que pode dar ímpeto à reorganização da sociedade. [...] Para todos aqueles que aderem a essa causa, somos camaradas e não perderemos oportunidade de levá-la adiante. Para aqueles que não sabem disso, mas são atraídos para a resistência ao capitalismo, somos amigos. Mas para aqueles que, tendo por anos a aceitado, agora estão determinados a se afastar dela, somos inimigos, aberta e implacavelmente.[61]

Os três excertos mencionam camaradas e inimigos. Camaradas são aqueles que se encontram do mesmo lado, um lado que James define pela adesão ao marxismo. Quem questiona os fundamentos do marxismo não pode ser um camarada porque não aceita os compromissos básicos que configuram estar desse mesmo lado.

Na primeira passagem, James rejeita aqueles que se dizem marxistas, mas que, ainda assim, querem debater os princípios fundamentais do marxismo. Na segunda, ele nos diz qual princípio específico ele considera inviolável, um teste decisivo para definir quem é camarada: a visão de que o socialismo é construído pelo proletariado. Na terceira, ele reitera sua convicção de que só o proletariado pode impulsionar a reorganização socialista da sociedade. Ele não pode ser camarada de alguém que rejeite essa ideia.

James também identifica o inimigo: não a burguesia, não os capitalistas, não os patrões e latifundiários. Os inimigos se dizem marxistas ao mesmo tempo que questionam os princípios do marxismo. São inimigos porque destroem o lado por dentro, corroendo o próprio sentido do marxismo, a própria ideia de lado. James se desligou do *Correspondence* em vez de aceitar essa corrosão.

Talvez por sua percepção apaixonada de que os ex-camaradas são os inimigos mais amargos e inescrupulosos, James entende os amigos de maneira diferente da forma como os apresento no

---

[61] Ibidem, p. 25.

172 | Camarada

terceiro capítulo. Para James, amigos são aqueles que compartilham a intuição política de que se deve resistir ao capitalismo. Amigos são mais que aliados interessados em transações que estejam de acordo com os próprios interesses pessoais, mas menos que camaradas investidos na prática comum marxista. Os inimigos usam a palavra "marxista" para se descrever, mas não reconhecem o papel do proletariado na construção do socialismo. A referência a si mesmos como "marxistas" soa quixotesca, dúbia, uma questão de definição pessoal. Nesse sentido, o fato de James designar ex-camaradas como inimigos se aproxima de minha especificação da identidade individual como sendo o Outro do camarada. A redefinição particularista de um termo comum destrói a coletividade produzida por estar de um mesmo lado. Quando qualquer um pode ser um camarada, precisamos ter certeza de que compartilhamos uma política. Aqueles que afirmam falar nossa língua, mas não o fazem, alterando-a por dentro, destroem a própria convicção que nos mantém unidos. Não podemos ter certeza, não podemos falar com confiança que formamos um "nós".

Nem todas as renúncias são individualistas. Algumas são afirmações justas de camaradagem e coletividade no contexto de um partido que se perdeu. Junius Scales, que foi preso sob a Lei Smith por ser membro do Partido Comunista, enfrentou todo tipo de problema jurídico e financeiro depois de seu indiciamento. Scales conta a história de como uma integrante leal do partido arrecadou duzentos dólares em seu clube do partido a fim de ajudar o ex-camarada e sua família; mas o organizador da seção ficou sabendo do caso e desagradou-se. Scales descreve a situação:

> Aqui estava essa mulher que integrava o partido havia 25 anos, e ela se
> encontrava em uma sala cheia de pessoas que estavam no partido há
> tanto tempo quanto, e chega esse idiota e diz que isso é contra a política

do partido. Ela perguntou por quê, e ele não soube responder. Então ela e a sala inteira renunciaram ao partido na hora. Eles foram até a porta ao lado e entregaram a minha esposa o dinheiro arrecadado.[62]

A camaradagem ultrapassou uma alegação que havia sido expressa em nome do partido. Os verdadeiros camaradas sabiam de que lado estavam.

Muitas histórias em que a camaradagem termina com uma renúncia são vívidas, dramáticas: carteirinhas de filiação rasgadas; ex-camaradas passando a se dirigir friamente uns aos outros como "cidadão", "senhor" ou "senhorita". Algumas apresentam o fim da camaradagem como libertação. No primeiro de seus dois livros de memórias, o romancista Howard Fast (autor de *Spartacus*) descreve sua decisão de sair do CPUSA como o despertar "de um longo e terrível pesadelo"[63]. Suas lembranças oscilam entre medos de autoextinção, perda de sua consciência individual, reconhecimento do papel do partido em seu sucesso enquanto escritor, o discurso secreto de Nikita Khruschov no XX Congresso do Partido, em 1956 (que foi a causa de sua saída do partido, embora Fast só viesse a declarar isso um ano depois), e um anseio de sair que tinha estado presente durante todo o seu período como filiado. Escreve Fast: "O pesadelo especificava que qualquer um que saísse descartaria toda e qualquer esperança de salvação. Não era fácil conviver com isso. Será que não comecei a deixar o partido a partir do momento em que ingressei nele – será que no fundo não é sempre assim?"[64]. Por mais que Fast manifeste admiração pelos quadros da militância de base, seu

---

[62] Griffin Fariello, *Red Scare: Memories of the American Inquisition. An Oral History* (Nova York, Norton, 1995), p. 232-3.

[63] Howard Fast, *The Naked God: The Writer and the Communist Party* (Nova York, Frederick A. Praeger, 1957), p. 23.

[64] Ibidem, p. 177.

174 | Camarada

investimento individualista em sua carreira como escritor (mesmo que tenha sido impulsionada pelo partido), bem como seu sentimento de constante ambivalência, nos fazem questionar se ele alguma vez foi, de fato, um camarada. Seu segundo livro de memórias é, ao mesmo tempo, menos depreciativo em relação ao partido e mais bajulatório em relação a seu próprio talento e sua carreira[65]. Para ele, cumprir as expectativas da camaradagem parece ter sido mais um dever que uma alegria, algo feito com relutância e uma dose nada pequena de ressentimento, em vez de entusiasmo. Ainda assim, ele o fez.

Outras histórias de renúncia demonstram o impacto das mudanças na linha do partido; por exemplo, os efeitos do afastamento do partido quanto à questão do direito dos negros à autodeterminação. Em 1950, Audley "Queen Mother" Moore renunciou ao CPUSA. Mesmo tendo dito que "amava o partido até a morte", ela não pôde aceitar o abandono do compromisso com os negros enquanto nação oprimida. Como explica Moore, que depois se tornou uma conhecida ativista do nacionalismo negro e proponente de reparações pela escravidão, em uma entrevista:

> Saí porque não consegui fazer com que [o partido] discutisse a questão que mais me incomodava sobre o termo "negro" e pelo fato de terem aberto mão de sua posição como nação, de que nós éramos uma nação, e eu queria poder conversar sobre essas coisas, sabe? E, quando dialogava com os brancos, eles diziam que viam sentido no que eu dizia. Mas, quando ia aos camaradas negros, eles não queriam tocar na questão. Eles tinham medo, sabe, medo de serem politicamente incorretos, a menos que os brancos tivessem apresentado a questão eles tinham medo e não ousavam se envolver, então eles não me deixaram outra alternativa senão renunciar, entende, porque para mim não dava mais para continuar daquele jeito. Eu sabia que estava

---

[65] Howard Fast, *Being Red* (Boston, Houghton Mifflin, 1990).

na direção errada, absolutamente errada, que estava prejudicando meus próprios interesses como negra, entende?[66]

O medo indica a perda da camaradagem. Como enfatizo no terceiro capítulo, a coragem é um dos quatro atributos do camarada. Incapaz de fazer com que seu partido discutisse o recuo em relação a seu compromisso com a autodeterminação dos afro--americanos, Moore não conseguiu obter do partido uma autocrítica, fazer com que admitisse seus erros e tratasse deles. Os membros estavam receosos e, portanto, não tinham condições de oferecer uns aos outros o apoio, o encorajamento e a confiança necessários para um trabalho partidário dotado de sentido, necessários para um otimismo prático. Convencida de que o partido não era mais um defensor da libertação negra, Moore retirou-se dele e encontrou outras vias de luta[67].

Afastamento

O fim da camaradagem nem sempre é dramático ou fácil de demarcar. Para alguns, a intensa intimidade do trabalho político vai se dissipando aos poucos, desgastada por exaustão e desilusão. As decepções vão se acumulando de tal forma que encontrar sentido e valor nos esforços investidos fica mais difícil que fazer o próprio trabalho. Um organizador do CPUSA descreve sua saída do partido. Ele não se desligou por nenhum motivo específico, como logo depois de tomar conhecimento do discurso em que Khruschov reconhecia os crimes da era Stálin. Ele permaneceu no partido por

---

[66] "Audley Moore on Her Life in the CPUSA and Why She Resigned" (vídeo). Disponível em: <https://www.youtube.com/watch?v=JBua9tmimWs>; acesso em: 10 maio 2021.

[67] Ver a discussão de Erik S. McDuffie a respeito da renúncia de Moore, em *Sojourning for Freedom: Black Women, American Communism, and the Making of Black Left Feminism* (Durham, Duke University Press, 2011), p. 134-7.

vários anos. "O mundo não acabou com um estrondo, acabou com um pequeno suspiro. O ânimo foi simplesmente escapando aos poucos de mim."[68] O ânimo se esvai, a sensação de intensa conexão com pessoas do mesmo lado da luta diminui. As pessoas percebem que suas expectativas em relação a si mesmas e aos demais já não são as mesmas. Pouco antes de Frank Wilderson ser forçado a deixar a África do Sul, sua esposa lhe disse: "Eles estão cansados de você! Eles não são mais *camaradas*! Eles são o governo e estão se cansando de você"[69]. Ela estava lhe dizendo que ele não podia nutrir a expectativa de ser ouvido, não podia esperar que seus argumentos e seus apelos fossem devidamente registrados. O contexto, o *lado*, acabara.

O social-democrata anticomunista Irving Howe relembra os sinais de afrouxamento dos vínculos à pequena seita socialista que se formou em torno de Max Schachtman no fim da década de 1940: "Um sólido militante de base que tinha por anos recolhido as contribuições agora desaparece sem deixar nenhum traço. É exasperante: ele simplesmente para de comparecer às reuniões, uma alma morta"[70]. Alguém que se esperava que fosse aparecer não apareceu. Aquela pessoa não correspondeu às expectativas que os camaradas têm uns dos outros, nem mesmo para se justificar. Howe associa a dissolução do grupo socialista aos esforços dos membros para revisar o marxismo ou ir além dele. A discussão crítica não deu conta de esclarecer conceitos-chave; em vez disso, acabou levando a revisões fundamentais de ideias antes centrais e instilando dúvidas quanto ao propósito da organização. O que um dia tinha sido vital perdeu totalmente o sentido. Escreve Howe:

---

[68] Vivian Gornick, *The Romance of American Communism*, cit., p. 157.

[69] Frank B. Wilderson III, *Incognegro: A Memoir of Exile and Apartheid* (Durham, Duke University Press, 2015), p. 472.

[70] Irving Howe, *A Margin of Hope: An Intellectual Biography* (Nova York, Harcourt Brace Jovanovich, 1982), p. 108.

Comparecer a uma reunião vira uma provação. Você encontra pessoas de quem gosta, mas praticamente não aguenta mais olhar no rosto delas. Como devotos de uma religião abandonada, tocamos as rotinas dos "afazeres" e da "discussão". Contabilizamos nossas perdas. Espiamos de rabo de olho para ver quem está caindo fora. Nós nos consolamos exortando um ao outro a "segurar firme". Nos encontramos com menos frequência – o que é um alívio para os nervos. E quanto mais aplicamos a inteligência, menos ela se conforma ao desejo.[71]

Quanto menos envolvimento, menor o vínculo. Desconectadas de ideias, práticas e lutas comuns, as pessoas perderam a capacidade de se verem como camaradas. Pior: elas pararam de querer ver os outros dessa forma – então, por que se importar?

Para Lillian Hellman, sair do partido não foi particularmente difícil. Na verdade, ela nunca chegou a se comprometer tanto. Descrevendo-se como "uma integrante das mais casuais", Hellman sempre priorizou suas convicções individuais:

> Eu participava de pouquíssimas reuniões e não via e ouvia muito mais que pessoas sentadas em uma sala falando sobre acontecimentos atuais ou discutindo os livros que tinham lido. Fui me afastando do Partido Comunista porque parecia que eu estava no lugar errado. Minha natureza mais independente não era compatível com a esquerda política, da mesma maneira que não tinha sido compatível com o contexto conservador em que fui criada.[72]

Assim como muitos intelectuais, Hellman valorizava mais a independência que a camaradagem. Isso não faz dela uma pessoa má. Ela tinha sido apoiadora e companheira de jornada, chegando a assinar a "Carta aberta aos liberais americanos". A carta criticava os esforços feitos pelo Comitê Americano em Defesa de Leon

---

[71] Idem.

[72] John Earl Haynes, "Hellman and the Hollywood Inquisition: The Triumph of Spin-Control over Candor", *Film History*, v. 10, n. 3, 1998, p. 412.

Trótski para investigar os Processos de Moscou, afirmando que era necessário apoiar a União Soviética como um baluarte contra a ascensão do fascismo na Europa. Hellman também pagou um preço por esse apoio: foi colocada na lista de cancelamento depois de ter sido convocada a comparecer perante o Comitê de Atividades Não Americanas da Câmara. Ainda assim, como ela própria admitiu, não estava absorvida por aquele intenso engajamento político que conectava os camaradas uns aos outros e os separava dos demais. O afastamento aconteceu com facilidade.

O uso de "camarada" como pronome de tratamento não é suficiente para combater o afastamento. Obrigar as pessoas a usar o termo pode, na verdade, indicar perda ou ausência de camaradagem, o fato de que as pessoas não esperam que as outras respondam como camaradas. Em várias ocasiões, o Partido Comunista Chinês instruiu seus quadros a se dirigirem uns aos outros como *tongzhi*. Uma diretiva de 2014 orientava os membros a não se chamarem de "patrão", "colega" ou "parceiro", porque esses termos eram "conhecidos por serem usados em empresas privadas ou mesmo em círculos da máfia"[73]. A insistência do Partido Comunista no uso de "camarada" atravessa hierarquias econômicas; a igualdade do trabalho político não se confunde com as desigualdades associadas ao trabalho realizado no e para o mercado. Mas o uso autoritário do termo mina o entusiasmo, a alegria e a coragem associados à figura do camarada. Nesse contexto, as ações não emanam da disciplina; elas decorrem do medo das repercussões pelo não cumprimento de ordens. Escreve Moshe Lewin:

> O uso de "camarada" perde sua magia se o "camarada" for um superior que dá ordens e determina seu salário e suas perspectivas de ser promovido. A nova realidade, que agora faz parte do cotidiano,

---

[73] Chris Luo, "Keep Calling Each Other 'Comrade,' Chinese Communist Party Tells Members after Rule Review", *South China Morning Post*, 18 nov. 2014.

é muito simples: "Não estamos em pé de igualdade, estamos em uma escada, camarada Ivanov, e eu não sou seu camarada, camarada Ivanov".[74]

Não existe um único término da camaradagem. Há muitos. Há camaradas que, depois de romperem com uma formação, partem para criar novas organizações – podemos pensar aqui em Rosa Luxemburgo e em Karl Liebknecht, que saíram do Partido Social-Democrata Alemão e fundaram o Partido Comunista da Alemanha. Quando Jay Lovestone e seus camaradas foram expulsos do CPUSA, eles insistiram que ainda eram comunistas e deram à nova associação o nome Partido Comunista (Oposição). Embora Sylvia Pankhurst tenha anunciado "Estou cansada, camaradas. Foi uma luta longa e difícil" ao ser expulsa do Partido Comunista da Grã-Bretanha, ela começou a reunir um grupo de trabalhadores comunistas e depois se envolveu com lutas antifascistas e anticoloniais[75]. Outros ex-camaradas se tornam renegados, traidores e informantes. Harvey Matusow nunca identificou o sentimento de pertencimento, de saber quem ele era, de ser alguém, que o levou a ingressar no CPUSA[76]. Ele se tornou informante do FBI, foi expulso do partido e depois se transformou em uma testemunha anticomunista profissional, uma das várias que ganharam fama (ou infâmia) durante a era McCarthy. Sua amante, Elizabeth Bentley, também fez carreira como renegada, vendendo-se para a mídia como uma "rainha espiã vermelha"[77]. Alguns ex-camaradas se

---

[74] Moshe Lewin, *The Soviet Century* (Londres, Verso, 2016), p. 41 [ed. bras.: *O século soviético*, trad. Silvia de Souza Costa, Rio de Janeiro, Record, 2007]. Todos os trechos da obra citados neste livro são traduções livres.

[75] "I Am Tired, Comrades", *Pall Mall Gazette*, 17 set. 1921.

[76] Harvey Matusow, *False Witness* (Nova York, Cameron & Kahn, 1955).

[77] Elizabeth Bentley, *Out of Bondage* (Nova York, Devin-Adair, 1951); Kathryn S. Olmsted, *Red Spy Queen: A Biography of Elizabeth Bentley* (Chapel Hill, University of North Carolina Press, 2002).

180 | Camarada

tornam inimigos mortais. Outros encontram maneiras de voltar a se chamar de "camarada", embora mais por afeição e por uma noção geral de preocupações políticas compartilhadas que por um reconhecimento de compromissos evidentes. Ou quem sabe o compromisso seja, de fato, bastante evidente: de ex-camaradas que se tornaram amigos ou aliados, colegas ou parceiros de coalizão, é sabido que não se deve esperar muito.

O fim do mundo

O último relato de fim da camaradagem que abordarei é o romance de Doris Lessing *O carnê dourado*, de 1962. Inspirado na experiência da autora como integrante do Partido Comunista da Grã-Bretanha, o romance descreve o declínio e o êxodo que se espalharam pelo mundo comunista na esteira das revelações de Khruschov sobre expurgos, prisões, capturas e execuções ocorridos sob Stálin. Lessing desenha um cenário de exaustão, cinismo, desesperança e desordem: o melhor que posso esperar quando você não é meu camarada, quando não há camaradas, é aquele velho e desgastado liberalismo. E, dada a psicose que se instala com o colapso do partido, até mesmo esse pequeno sonho parece impossível. De maneiras que ecoam a saída de C. L. R. James do *Correspondence*, Lessing apresenta o fim da camaradagem como o desfazer-se de uma linguagem comum, do sentido compartilhado do significado das palavras e sua relação com o mundo. Ela leva a ideia adiante, apresentando a dissolução da confiança no partido como psicose. Em contraste com o afastamento, em que um mundo comunista simbólico continua mesmo que ninguém faça parte dele, Lessing nos oferece uma imagem em que a ordem simbólica entrou em colapso. Uma imagem do fim do mundo.

O carnê dourado é estruturado em torno de um breve romance que aparece em cinco partes: *Free Women* [Mulheres livres] e quatro conjuntos de cadernos rotulados pela cor – preto, vermelho, amarelo e azul. Uma das protagonistas de *Free Women*, Anna Wulf, redige esses cadernos como uma forma de organizar seus pensamentos: "Ela precisa separar as coisas umas das outras, por medo do caos, da ausência de forma – do colapso"[78]. É nessa posição de repelir o caos que Anna se encontra no início dos anos 1950, à medida que o cinismo do partido começa a aumentar e seu vínculo se enfraquece. Anna produz um caderno final, o dourado, depois da quarta parte de *Free Women* e de quatro rodadas de entradas nos cadernos originais. O carnê de ouro busca reunir os temas fragmentados dos outros quatro para integrar o que ficou fragmentado e separado. Essa integração também representa o surto psicótico de Anna, bem como o fim de um relacionamento e seu recuo à escrita.

Free Women começa em 1957, com uma conversa que se dá em um apartamento em Londres entre Anna, autora de um romance de sucesso, e sua amiga Molly, uma atriz secundária que acaba de voltar de uma viagem de um ano pela Europa. O ex-marido de Molly, Richard, chega ao apartamento para conversar com ela sobre o filho deles, Tommy, que tem vinte anos. Richard está incomodado com o fato de que Tommy vem sofrendo de "uma paralisia da vontade"[79]. Tommy se recusa a aceitar qualquer uma das oportunidades de trabalho que seu pai arranjou para ele, tampouco quer "ir para Oxford, e agora ele fica aí sentado, esmorecido"[80]. Richard atribui o mal-estar de Tommy ao colapso do Partido Comunista, dizendo às duas mulheres:

> Não ocorreu a vocês que o verdadeiro problema com o Tommy é que, durante metade da vida, ele esteve cercado de comunistas ou

---

[78] Doris Lessing, *The Golden Notebook* (Nova York, Simon and Schuster, 1962), p. xi [ed. bras.: *O carnê dourado*, Rio de Janeiro, Record, 1972]. Todos os trechos da obra citados neste livro são traduções livres.

[79] Ibidem, p. 223.

[80] Ibidem, p. 21.

182 | Camarada

assim chamados comunistas – a maioria das pessoas que ele conheceu esteve envolvida nisso de uma forma ou de outra. E agora eles estão todos saindo do partido, ou foram embora – vocês não acham que isso pode ter tido algum efeito nele?[81]

Anna e Molly concordam; é óbvio que isso passou pela cabeça delas. O impacto dos acontecimentos mundiais no ano anterior – o discurso de Khruschov, a invasão da Hungria, a crise de Suez – foi severo. "Não é um momento fácil para ser socialista."[82] Richard insiste: "E agora? A Rússia indo para o brejo, e a que preço agora os camaradas? A maioria deles está sofrendo colapsos nervosos ou ganhando muito dinheiro, pelo que vejo"[83]. Colapso e capitalismo – isso ilustra bem o sentimento de muitos daqueles que deixaram o partido depois das revelações de Khruschov, as não opções disponíveis em um mundo mergulhado no caos. Colapso e capitalismo: nosso presente de ansiedade, depressão e desespero nos extremos de mudança climática, desigualdade e a preocupação de que talvez não tenhamos mais condições de sustentar nossa vida. Colapso e capitalismo: nosso cenário de sobreviventes e sistemas.

Os princípios que tinham orientado o trabalho do partido, a disciplina que garantia aos quadros saber o que esperar de seus camaradas, eram agora objetos de repulsa – ou, para Molly, de tédio. Como ela mesma explica, Molly não quer mais saber de política comunista:

> Dois ou três anos atrás, eu me sentia culpada se não gastasse todo o meu tempo livre organizando uma coisa ou outra. Hoje não me sinto nem um pouco culpada se simplesmente faço meu trabalho e

---

[81] Ibidem, p. 24.
[82] Idem.
[83] Idem.

fico preguiçando o resto do tempo. Eu não me importo mais, Anna. Simples assim.[84]

Molly já se distanciou do partido e de seus ex-companheiros. Antes, ela estava sempre "na correria para organizar algo, cheia de vida e entusiasmo"[85]. Agora ela não sente nenhuma obrigação de continuar fazendo trabalho político. Anna ainda sente algo, um laço ou um vínculo continuado com aqueles que ela enxerga como camaradas. Todavia, está exausta, confusa e em dúvida, ainda tentando dar conta de entender e absorver a perda de um "grande sonho"[86].

O caderno vermelho contém os pensamentos de Anna sobre o Partido Comunista da Grã-Bretanha. A primeira entrada é de 3 de janeiro de 1950, mais ou menos um dia antes de Anna se filiar ao partido, "a primeira intelectual preparada para ingressar no partido desde o início da Guerra Fria"[87]. Molly já fazia parte do partido, e Anna é atraída pela "atmosfera de amizade, de pessoas trabalhando por um fim comum"[88]. Mas Anna não se considera alguém que mergulharia de cabeça assim. E também demonstra hesitação em passar a integrar uma organização que ela suspeita ser desonesta. Ainda assim, ela ingressa no partido, em parte por causa de dois sentimentos que teve ao ver o vidro protetor que recobria os escritórios da sede: "Um de medo; o mundo da violência. O outro, um sentimento ligado à proteção – a necessidade de proteger uma organização na qual as pessoas atiram pedras"[89]. O sentimento de medo faz Anna pensar no porquê de as pessoas

---

[84] Ibidem, p. 48.

[85] Ibidem, p. 136.

[86] Ibidem, p. 51.

[87] Ibidem, p. 136.

[88] Idem.

[89] Idem.

184 | Camarada

se filiarem ao Partido Comunista da Grã-Bretanha: é difícil para as pessoas na Inglaterra "se lembrar das realidades do poder, da violência; o PC apresenta a elas as realidades do poder nu que estão ocultas na própria Inglaterra"[90]. A luta é real – mesmo na Inglaterra. O sentimento de proteção inspira em Anna o desejo de defender a União Soviética dos ataques sobre os quais ela lê nos jornais e escuta de conhecidos não comunistas. Anna passa os anos seguintes sem abrir muitas entradas no caderno vermelho. Ela observa que a maioria de seus comentários sobre o partido são críticos; ainda assim, ela e Molly permanecem nele.

No caderno azul, que funciona mais como um diário, a entrada de Anna relatando uma sessão com seu psicoterapeuta expressa ambivalência em relação ao partido. Em resposta à pergunta de seu terapeuta "Por que você é comunista?", Anna diz: "Pelo menos eles acreditam em algo". O diálogo continua:

"Por que você diz *eles*, quando você é membro do Partido Comunista?" "Se eu pudesse dizer *nós* com sinceridade, eu não estaria aqui, não é?" "Então no fundo você não se importa com seus camaradas?" "Eu me dou bem com todo mundo, se é isso que você quer dizer." "Não, não é isso que quero dizer."

Anna conta ao terapeuta que oscila entre temer e odiar o partido e se apega desesperadamente a ele "por uma necessidade de proteger e cuidar dele"[91]. O que a afasta do partido também a vincula a ele. Antes de retornar às lembranças pessoais, o caderno azul passa a trazer recortes de jornais que documentam vários anos de tensão e horror internacionais: a guerra na Coreia, a detonação da bomba de hidrogênio, a caça às bruxas anticomunista nos Estados Unidos, os expurgos no bloco soviético, e por aí vai. O Partido

---

[90] Idem.
[91] Ibidem, p. 204.

Comunista é terrível e, ainda assim, parece ser a única barreira à agressão nuclear dos Estados Unidos. A Inglaterra detona uma arma atômica. A Lei McCarran autoriza o procurador-geral dos Estados Unidos a criar centros de detenção para pessoas envolvidas em conspiração ou espionagem. A revolta dos Mau-Mau contesta o domínio colonial britânico no Quênia. Líderes comunistas são enforcados em Praga. Defendendo a União Soviética a todo custo, o partido não oferece um espaço para se haver com a verdade do mundo; ao mesmo tempo, sem o partido, o mundo parece oco, desprovido de sentido, condenado a uma fachada de liberalismo que mascara o imperialismo, o autoritarismo e o colonialismo.

Na segunda parte de *Free Women*, Tommy confronta Anna sobre o motivo de ela e Molly terem abandonado a atividade que tanto as ocupou, e por tanto tempo, como integrantes do Partido Comunista. Anna rebate apontando que não se pode esperar que mulheres de meia-idade se apeguem a "certezas, *slogans* e gritos de guerra da juventude"[92]. Mas ela não gosta do que ouve saindo de sua boca: "Pareço uma velha liberal embotada"[93]. Tommy observa que antes Anna "vivia de acordo com uma filosofia", a alfineta por se referir ao "mito comunista" e exige saber o que dá sentido à vida dela hoje[94]. A resposta de Anna é positiva, esperançosa. Ela descreve um mundo capaz de andar para a frente, um sonho mantido vivo para uma nova geração de pessoas. Tommy deixa claro que ele não fará parte dessa geração. Ele dispara um tiro contra si mesmo. A segunda seção termina com a probabilidade de Tommy morrer antes do amanhecer.

O caderno vermelho recomeça em agosto de 1954, com Anna contando a seu amante, Michael, que pensa em deixar o partido.

---

[92] Ibidem, p. 223.

[93] Idem.

[94] Ibidem, p. 234.

186 | Camarada

Michael responde que Anna fala como se sua saída do partido fosse deixá-la em algum tipo de "atoleiro de torpeza moral". Ele considera isso um absurdo, dado "o fato de que milhões de seres humanos perfeitamente sãos se desligaram do partido (pelo menos os que não foram assassinados antes disso) e o fizeram porque estavam deixando para trás assassinato, cinismo, horror, traição"[95]. A constatação de que essas pessoas saíram do partido não dá conta do impacto que a desintegração do partido teve sobre seus membros, não contempla a maneira pela qual a dissolução de sua estrutura de sentido marcou o fim do mundo. No entanto, ela não deixa de expor a decadência interna da linguagem, um processo sintomático do esfacelamento do partido. Diante de assassinato, cinismo, horror e traição, o que significa ser um camarada? Será que significa dissimulação e hipocrisia, o compromisso de defender práticas que consideramos erradas em nome de um objetivo que estamos convencidos de ser correto?

Uma entrada subsequente no caderno vermelho volta no tempo e nos leva a uma reunião de um grupo de escritores em 1952. A regressão desmente a linearidade esperançosa da resposta de Anna a Tommy: a vida não tinha melhorado, camarada. A entrada gira em torno de mudanças na linguagem, modalidades conflitantes de significado e tom. O grupo de escritores tenta, sem sucesso, discutir um panfleto ilegível de Stálin sobre linguística. Anna observa um tom na discussão do grupo que a deixa desconfortável, um tom justificatório: "E é óbvio que você precisa lembrar que as tradições jurídicas deles são muito diferentes das nossas"[96]. Ela recorda que se pegou falando assim e "comecei a gaguejar. Normalmente não gaguejo"[97]. Anna também nota

---

[95] Ibidem, p. 255.
[96] Ibidem, p. 258.
[97] Idem.

um clima cada vez mais familiar: "As palavras de repente perdem seu significado. Eu me pego escutando uma sentença, uma frase, um grupo de palavras, como se estivessem em uma língua estrangeira – a lacuna entre o que deveriam significar e o que de fato dizem parece intransponível"[98].

Os camaradas não conseguem dizer o que todos sabem ser verdade: o panfleto de Stálin é um sintoma de "mal-estar geral com relação à linguagem"[99]. Como camaradas, entretanto, eles não podem mais falar juntos. Eles estão presos a uma situação na qual as palavras que são capazes de dizer são inadequadas para o que precisa ser dito. Anna observa que está disposta a acreditar que Stálin "é louco e assassino"; no entanto, ela gosta

> de ouvir as pessoas usarem aquele tom de respeito simples e amigável por ele. Porque, se esse tom fosse abandonado, algo muito importante se perderia junto com ele, por mais paradoxal que seja, uma fé nas possibilidades da democracia, da decência. Um sonho estaria morto – para o nosso tempo, pelo menos.[100]

O tom de respeito assinala a camaradagem, o estar do mesmo lado. Não é o mesmo que o tom das justificativas. Usar o tom de respeito ao falar de Stálin não é sinal de que alguém seja stalinista – isto é, não indica que a pessoa justifique os expurgos e os campos de trabalho. Indica, antes, a crença na luta coletiva por um mundo melhor. E a questão é a seguinte: uma coisa que mesmo os céticos antistalinistas são obrigados a reconhecer é que o fim da experiência socialista do século XX destruiu a democracia. Abriu-se mão do tom de respeito. Um sonho de igualdade emancipada morreu.

---

[98] Idem.
[99] Idem.
[100] Ibidem, p. 259.

188 | Camarada

À medida que as anotações no caderno azul continuam até o mês de setembro de 1954, Anna vai descrevendo sua decisão de deixar o partido. Ela sabe que sentirá falta de estar em uma atmosfera na qual as pessoas partem do "pressuposto de que a vida precisa estar alinhada a uma filosofia central"[101]. Ela lamenta que vai acabar se separando de seu amigo, colega e camarada Jack, um "bom comunista"[102]. Em breve, quando voltarem a se encontrar, serão estranhos um ao outro[103]. No entanto, ela não suporta mais o que considera ser a "constante erosão de valores do partido" ou a "putrefação intelectual" que o leva a publicar livros toscos que refletem as mentiras que conta a si mesmo[104]. Anna está cansada do mito em que o Partido Comunista da Grã-Bretanha continua a acreditar, sobre o que ele é e faz. Ela está exausta com a enorme quantidade de escritos vazios que precisa encarar como leitora de manuscritos para a editora do partido. Ela considera esses escritos banais e impessoais; ao mesmo tempo, passou a acreditar que a verdadeira arte vem de um "sentimento pessoal genuíno"[105]. Essa crença prejudicou sua capacidade de realizar seu trabalho partidário, que é dar aulas sobre arte. Sua palestra típica envolve uma crítica ao egoísmo da arte burguesa. No meio de uma palestra que Anna deu vários meses antes de sair do partido, ela novamente começou "a gaguejar e não conseguia terminar". Anna continua: "Não dei mais nenhuma aula. Sei o que essa gagueira significa"[106]. Jack concorda que a maior parte da arte comunista é ruim. Mas ele pensa que a arte comunal precisa de tempo – não

---

[101] Ibidem, p. 293.
[102] Idem.
[103] Ibidem, p. 301.
[104] Ibidem, p. 296 e 297.
[105] Ibidem, p. 298.
[106] Ibidem, p. 299.

de sensibilidade individual. Jack diz a Anna: "Há algo de muito arrogante em insistir no direito de estar certo"[107]. Mas Anna já sente a separação entre eles. Sua decisão de deixar o partido é um efeito, não uma causa, da dissolução da conexão entre palavras e significado. Mesmo em sua conversa com Jack, ela experimenta essa perda – "as palavras perdem seu significado"; ela consegue ouvir suas vozes, mas as palavras já "não significam nada"[108]. Em vez de palavras, ela vê imagens – "cenas de morte, tortura, interrogatórios e assim por diante" – que se conectam não às palavras usadas, mas à realidade que renegam.

A terceira parte de *Free Women* revela que a tentativa de suicídio de Tommy fracassou. Ele continua vivo – agora cego, uma "presença de plena consciência" que domina a casa de Molly. Molly se sente presa, tanto por ele quanto por uma nova sensação de que a vida se tornou questão de "se acostumar com coisas que no fundo são intoleráveis"[109]. Embora Tommy tenha ficado lento e cuidadoso desde sua perda de visão, "como uma espécie de zumbi", ele parece feliz. Molly o descreve como "inteiro pela primeira vez na vida" – e, no entanto, fica horrorizada com suas próprias palavras, "contrapondo-as à verdade daquela mutilação"[110]. O ponto é que "ele gosta disso"[111]. Tommy não precisa mais escolher; ele não precisa mais se sentir compelido a encontrar um caminho para seguir adiante. Ele pode ficar onde está, ocupando totalmente aquele lugar sem ter de analisá-lo, entendê-lo ou vê-lo. É como se a cegueira desse a Tommy a capacidade de forçar sobre Molly uma cena maternal, envolvê-la em uma unidade infantil que o

---

[107] Ibidem, p. 307.

[108] Ibidem, p. 301.

[109] Ibidem, p. 323.

[110] Idem.

[111] Idem.

190 | Camarada

torna completo à custa de sua miséria. No jargão lacaniano, a perda de visão de Tommy sugere a perda do simbólico e a ausência de forma que vem com a fusão do imaginário e do Real. Molly e Tommy não permanecem entrelaçados. Ele se apega à madrasta e depois a uma esposa e mergulha em uma política incoerente e sem forma de multidões espontâneas e alunos expressivos.

Os cadernos azuis correspondentes de Anna dão sequência ao tema da ausência de forma. Ela sente que está começando a entrar em surto: "As palavras não significam nada", existem cada vez mais como apenas "uma série de sons desprovidos de sentido, como papo de recém-nascido"[112]. Quando Anna escreve as palavras, elas se dissolvem em imagens que nada têm a ver. Ela está com medo. Ela para de datar suas entradas, como se o próprio calendário tivesse perdido sua capacidade organizadora. Anna começa a se apaixonar por Saul Green, um socialista estadunidense que está hospedado em sua casa e que também está em colapso. Em uma conversa com Anna, Saul fala compulsivamente, sem dizer nada. Anna escreve: "Eu estava prestando atenção na palavra *eu* naquilo que ele dizia. Eu, eu, eu, eu – comecei a sentir como se a palavra 'eu' fosse disparada contra mim como balas de uma metralhadora"[113]. Esse falatório compulsivo, esse eu, eu, eu, eu, eu, torna-se marca da loucura de Saul. A conversa às vezes contém fluxos de jargão político que Anna consegue identificar por época e tendência: "Trotskista, estadunidense, início dos anos 1950. Antistalinista prematuro, 1954"[114]. A própria Anna vai ficando cada vez mais doente, obcecada por Saul, passando mais tempo dormindo e sonhando. Eles começam a se chamar de "camarada", usando a palavra "com uma nostalgia irônica" oriunda

---

[112] Ibidem, p. 407.
[113] Ibidem, p. 475.
[114] Ibidem, p. 504.

de "descrença e destruição"[115]. Saul observa: "Ao me dissociar daquele 100% revolucionário, noto que vou me dissociando em aspectos de tudo que odeio"[116]. Ele deseja mais que tudo retornar à felicidade de uma época em que ele e outros acreditavam que podiam mudar o mundo. Saul recomeça o falatório compulsivo "eu, eu, eu, eu, como uma metralhadora ejaculando regularmente"[117]. Anna escreve: "Eu estava escutando e não escutando, como se ouvisse um discurso que eu tivesse escrito e que outra pessoa pronunciava. Sim, aquilo era eu, era todo mundo, o eu, eu, eu. Eu sou. Eu sou. Eu vou. Eu não vou. Eu devo. Eu quero. Eu"[118]. A certa altura, Saul grita: "Meu Deus, o que foi que perdemos, o que foi que perdemos, o que foi que perdemos, como podemos voltar àquilo, como é que podemos voltar àquilo?"[119]. Em seguida ele volta para o eu, eu, eu, eu, enquanto Anna se enrola em uma bola doente e bêbada de dor. O caderno termina com os dois seguindo adiante como escritores, menores e danificados, mas sobrevivendo com esperança diminuída em um sistema que excede sua capacidade reduzida de compreender ou transformar.

A última parte de *Free Women* retrata Anna no início de seu relacionamento com Saul. À medida que sua saúde mental piora, ela passa a juntar obsessivamente recortes de jornal e fixá-los nas paredes, todo dia, em busca de ordem, de padrão ou forma para tudo o que está acontecendo. Sem o partido, sem o comunismo para dar sentido e estrutura, Anna não faz ideia de como entender o mundo. Em uma espécie de prefiguração retroativa do efeito de metralhadora do "eu, eu, eu, eu" de Saul, Anna tem a experiência

---

[115] Ibidem, p. 533.
[116] Idem.
[117] Ibidem, p. 537.
[118] Idem.
[119] Ibidem, p. 538.

192 | Camarada

de si mesma como "um ponto central de consciência sendo atacado por um milhão de fatos descoordenados, e o ponto central desapareceria se ela se mostrasse incapaz de sopesar e balancear os fatos, de levá-los em devida consideração"[120]. Como sabemos pelo caderno anterior, ela não será capaz de continuar a se manter coesa como um ponto central de consciência. Ela entra em psicose e depois volta a escrever.

Tommy, por fim, abre um negócio com o pai, Richard, racionalizando sua decisão ao dizer que "o mundo será transformado pelos esforços de grandes empresas progressistas e pela pressão sobre os órgãos governamentais"[121]. Molly se casa novamente. Anna passa a trabalhar como conselheira matrimonial. É como se Lessing soubesse que o thatcherismo estava chegando. "Não existe essa coisa de sociedade. Há homens e mulheres individuais, e há famílias." A perda do partido, do papel organizador do comunismo na vida do século XX, é a perda de uma perspectiva que permite com que se enxergue a sociedade. Tommy, sua geração, não consegue ver o mundo que sua mãe e Anna viram. Os ex-camaradas se voltam para a vida privada à medida que o espaço e a possibilidade da política se reduzem a ética e economia, sobreviventes e sistemas.

O mundo retratado por Lessing é o mundo da esquerda não apenas depois de 1956, mas também após 1968 e 1989. É o nosso mundo que parece esgotado demais, mesmo para o velho e desgastado liberalismo. O fim da camaradagem é o fim do mundo: o não sentido, o desconexo, a loucura e a insistência – desorientadora e desprovida de sentido – no eu.

* * *

---

[120] Ibidem, p. 555.
[121] Ibidem, p. 567.

As pessoas às vezes me perguntam se teremos camaradas depois que o comunismo chegar. Dado o mundo em que vivemos, considero a questão obtusamente teórica ou pouco verdadeira – o comunismo parece tão distante, é essa mesmo sua preocupação? A intuição por trás da pergunta é que, uma vez que a luta termina, não seremos camaradas porque não haverá lados. Nesse ponto, supostamente, todo mundo será um camarada. Mas o que isso significa se qualquer um, mas nem todo mundo, pode ser um camarada? O erro aqui é pensar que o comunismo é o fim da história, não a condição de possibilidade para a história – a possibilidade de que precisamos, se é que haverá algo como história no futuro. Os problemas que o mundo enfrenta só podem ser encarados por meio do comunismo, como camaradas. A luta de classes hoje é a luta por um futuro. O capitalismo é incapaz de enfrentar a mudança climática e as migrações e as disputas por recursos que disso decorrerão com qualquer coisa que não seja militarismo, muros e genocídio. Ao mesmo tempo, a camaradagem não é algo isento de riscos. Não é uma solução mágica para todos os problemas que a esquerda (muito menos o mundo) enfrenta. Mas ela é a única forma por meio da qual esses problemas talvez possam ser resolvidos. Qualquer coisa a menos que isso nos condenará à concorrência, ao individualismo, ao cinismo e à melancolia em que estamos chafurdados. Para que ao menos sejamos uma esquerda, precisamos ser camaradas. Quando reconheço que a questão sobre a existência de camaradas depois do comunismo de fato vem de um camarada, posso reafirmar e construir em cima de sua esperança e seu desejo – a questão pressupõe que nós venceremos. Ela se pauta pela vitória do comunismo, continuando a desejar a forma e a relação que o torna possível: o camarada.

Capa de uma edição de 1903 do jornal *The Comrade*, publicado nos Estados Unidos entre 1901 e 1905 (citado a partir da p. 101 deste livro).

Referência Bibliográficas

AGOZINO, Biko. The Africana Paradigm in Capital: The Debts of Karl Marx to People of African Descent. *Review of African Political Economy*, v. 41, n. 140, 2014.

APTHEKER, Bettina. *The Morning Breaks:* The Trial of Angela Davis. Nova York, International, 1975.

ARISTÓTELES, *Ética a Nicômaco.* Trad. Edson Bini, São Paulo, Edipro, 2018.

ASPE, Bernard. 1917/2017: Revolutions, Communist Legacies and Spectres of the Future. Apresentação, European University de São Petersburgo, 24-26 out. 2017.

BADIOU, Alain. *Infinite Thought.* Trad. Oliver Feltham e Justin Clemens, Londres, Continuum, 2003.

_____. *Logic of Worlds.* Trad. Alberto Toscano, Londres, Continuum, 2009.

_____. *Second Manifesto for Philosophy.* Trad. Louise Burchill, Cambridge, Polity, 2011.

_____. *The Rebirth of History.* Trad. Gregory Elliott, Londres, Verso, 2012.

_____. *Theory of the Subject.* Trad. Bruno Bosteels, Londres, Continuum, 2009.

BAO, Hongwei. "Queer Comrades": Transnational Popular Culture, Queer Sociality, and Socialist Legacy. *English Language Notes*, v. 49, n. 1, primavera/verão 2011.

196 | Camarada

BARTHOLMES, Herbert. *Bruder, Bürger, Freund, Genosse und andere Wörter der sozialistischen Terminologie:* wortgeschichtliche Beiträge, Göteborger germanistische Forschungen Acta Universitatis Gothoburgensis. Wuppertal-Barmen, Hammer, 1970, v. 11.

BENTLEY, Elizabeth. *Out of Bondage*. Nova York, Devin-Adair, 1951.

BIRD, Robert; KIAER, Christina; CAHILL, Zachary (orgs.). *Revolution Every Day:* A Calendar 1917-2017. Milão, Mousse, 2017. Entrada de 9 de abril. *Novyi LEF*, n. 2, 1927. Trad. Robert Bird e Christina Kiaer.

BOGGS, James. The Destruction of a Workers Paper: A Statement to the Editorial Board. In: JOHNSON, J. R. *Marxism and the Intellectuals*. Detroit, Facing Reality Publishing Committee, 1962.

BRASAS, Juan A. Herrero. *Walt Whitman's Mystical Ethics of Comradeship*. Albany, Suny Press, 2010.

BRATTON, Benjamin. Some Trace Effects of the Post-Anthropocene: On Accelerationist Geopolitical Aesthetics. *e-flux*, n. 46, jun. 2013. Disponível em: <https://www.e-flux.com/journal/46/60076/some-trace-effects-of-the-post-anthropocene-on-accelerationist-geopolitical-aesthetics/>; acesso em: 28 abr. 2021.

BRIGGS, Cyril V. Acid Test of White Friendship. In: HEIDEMAN, Paul M. (org.) *Class Struggle and the Color Line:* American Socialism and the Race Question 1900-1930. Chicago, Haymarket, 2018.

_____. Bolshevism and Race Prejudice. In: HEIDEMAN, Paul M. (org.) *Class Struggle and the Color Line:* American Socialism and the Race Question 1900-1930. Chicago, Haymarket, 2018.

_____. Make Their Cause Your Own. In: HEIDEMAN, Paul M. (org.) *Class Struggle and the Color Line:* American Socialism and the Race Question 1900-1930. Chicago, Haymarket, 2018.

BROOKS, Jeffrey. *Thank You, Comrade Stalin!* Soviet Public Culture from Revolution to Cold War. Princeton, Princeton University Press, 2000.

BROWN, Wendy. Wounded Attachments. *Political Theory*, v. 21, n. 3, ago. 1993.

CASSIN, Barbara (org.). *Dictionary of Untranslatables:* A Philosophical Lexicon. Princeton, Princeton University Press, 2015.

CHEHONADSKIH, Maria. *Soviet Epistemologies and the Materialist Ontology of Poor Life:* Andrei Platonov, Alexander Bogdanov and Lev Vygotsky. Tese de pós-doutorado, Centre for Research in Modern European Philosophy, Universidade de Kingston, 2017.

CLAYTON, Tracy; NIGATU, Heben. How to Be a Better Ally: An Open Letter to White Folks. *BuzzFeed News*, 30 dez. 2015. Disponível em: <https://www.buzzfeednews.com/article/anotherround/how-to-be-a-better-ally-an-open-letter-to-white-folks>; acesso em: 28 abr. 2021.

COWL, Margaret. *Women and Equality*. Nova York, Workers Library, 1935.

CPUSA, *Race Hatred on Trial*. Nova York, Workers Library, 1931.

CUMMINGS, Jordy. Thoughts on Jodi Dean's Comrade: A Critical Engagement. *Spectre Journal*, 6 abr. 2020. Disponível em: <https://spectrejournal.com/thoughts-on-jodi-deans-comrade/>; acesso em: 7 maio 2021.

DAILY WORKER. Black Belt Thesis. *Daily Worker*, 12 fev. 1929. In: HEIDEMAN, Paul M. (org.) *Class Struggle and the Color Line:* American Socialism and the Race Question 1900-1930. Chicago, Haymarket, 2018.

_____. Defend Yokinen. *Daily Worker*, 4 mar. 1931.

_____. Deported for Abandoning White Chauvinism. *Daily Worker*, 11 jan. 1933.

DAVIS, Angela. *Angela Davis:* An Autobiography. Nova York, International Publishers, 1988 [ed. bras.: *Angela Davis:* uma autobiografia, trad. Heci Regina Candiani, São Paulo, Boitempo, 2019].

_____. *Women, Race and Class*. Nova York, Vintage, 1983 [ed. bras.: *Mulheres, raça e classe*, trad. Heci Regina Candiani, São Paulo, Boitempo, 2016].

DAVIS, Mary. *Comrade or Brother?* A History of the British Labour Movement. 2. ed., Londres, Pluto, 2009.

198 | Camarada

DEAN, Jodi. Communicative Capitalism: Circulation and the Foreclosure of Politics. *Cultural Politics*, v. 1, n. 1, 2005.

_____. Faces as Commons: The Secondary Visuality of Communicative Capitalism. *Open! Platform for Art, Culture, and the Public Domain*, 31 dez. 2016. Disponível em: <http://onlineopen.org/download.php?id=538>; acesso em: 28 abr. 2021.

_____. The Anamorphic Politics of Climate Change. *e-flux*, n. 69, jan. 2016. Disponível em: <https://www.e-flux.com/journal/69/60586/the-anamorphic-politics-of-climate-change/>; acesso em: 28 abr. 2021.

_____. The Subject of the Revolution. *Crisis and Critique*, v. 4, n. 2, 2017.

_____. *Crowds and Party*. Londres, Verso, 2016.

_____. *The Communist Horizon*. Londres, Verso, 2012.

DERRIDA, Jacques. *Politics of Friendship*. Trad. George Collins, Londres, Verso, 1997.

DEUTSCHER, Isaac. *The Prophet:* The Life of Leon Trotsky. Londres, Verso, 2015 [ed. bras.: *Trótski:* o profeta armado, trad. Waltensir Dutra, São Paulo, Civilização Brasileira, 1984].

ENGELS, Friedrich. *A origem da família, da propriedade privada e do Estado*. Trad. Nélio Schneider, São Paulo, Boitempo, 2019.

FANON, Frantz. *The Wretched of the Earth*. Trad. Richard Philcox, Nova York, Grove, 2004 [ed. bras.: *Os condenados da terra*, trad. José Laurênio de Melo, Rio de Janeiro, Civilização Brasileira, 1968].

FARIELLO, Griffin. *Red Scare:* Memories of the American Inquisition. An Oral History. Nova York, Norton, 1995.

FAST, Howard. *The Naked God:* The Writer and the Communist Party. Nova York, Frederick A. Praeger, 1957.

FISHER, Mark. Exiting the Vampire Castle. *openDemocracy*, 24 nov. 2013. Disponível em: <https://www.opendemocracy.net/en/opendemocracyuk/exiting-vampire-castle/>; acesso em: 28 abr. 2021.

FOLEY, Barbara. *Radical Representations:* Politics and Form in U.S. Proletarian Fiction, 1929-1941. Durham, Duke University Press, 1993.

FORT-WHITEMAN, Lovett. The Negro in Politics. In: HEIDEMAN, Paul M. (org.) *Class Struggle and the Color Line:* American Socialism and the Race Question 1900-1930. Chicago, Haymarket, 2018.

FRANK, Jason. Promiscuous Citizenship. In: SEERY, John (org.). *A Political Companion to Walt Whitman.* Lexington, University Press of Kentucky, 2011.

GARO, Isabelle. Chevengur, the Country of Unreal Communism – The October Revolution through the Dialectical Art of Andrei Platonov. *Crisis and Critique*, v. 4, n. 2, nov. 2017.

GLABERMAN, Martin. Introdução. In: JOHNSON, J. R. *Marxism and the Intellectuals.* Detroit, Facing Reality Publishing Committee, 1962.

GORE, Dayo F. *Radicalism at the Crossroads:* African American Women Activists in the Cold War. Nova York, NYU Press, 2011.

GÓRKI, Maksim. Comrade. *Social Democrat*, v. X, n. 8, ago. 1908.

GORNICK, Vivian. *The Romance of American Communism.* Nova York, Basic, 1978.

GRUSIN, Richard (org.). *After Extinction.* Minneapolis, University of Minnesota Press, 2018.

GUIDE TO ALLYSHIP. Disponível em: <https://guidetoallyship. com/>; acesso em: 28 abr. 2021.

GUILLORY, Sean. *We Shall Refashion Life on Earth!* The Political Culture of the Young Communist League, 1918-1928. Tese de pós--doutorado, Departamento de História, Universidade da Califórnia, Los Angeles, 2009.

HALLWARD, Peter. *Badiou:* A Subject to Truth. Minneapolis, University of Minnesota Press, 2003.

HARRIS, Kirsten. *Walt Whitman and British Socialism:* "The Love of Comrades". Nova York, Routledge, 2016.

HAYNES, John Earl. Hellman and the Hollywood Inquisition: The Triumph of Spin-Control over Candor. *Film History*, v. 10, n. 3, 1998.

HAYWOOD, Harry. *Black Bolshevik:* Autobiography of an Afro--American Communist. Chicago, Liberator, 1978.

HERRERA, Hayden. Frida Kahlo: Life into Art. In: SUCHOFF, David; RHIEL, Mary (orgs.). *The Seductions of Biography*. Nova York, Routledge, 1996.

HERRON, George D. A Song of To-Morrow. *Comrade*, v. 3, n. 4, 1903.

_____. From Gods to Men. *Comrade*, v. 1, n. 4, 1901.

HOWE, Irving. *A Margin of Hope:* An Intellectual Biography. Nova York, Harcourt Brace Jovanovich, 1982.

INMAN, Mary. The Role of the Housewife in Social Production [1940]. *Viewpoint Magazine*, 31 out. 2015. Disponível em: <https://view pointmag.com/2015/10/31/the-role-of-the-housewife-in-social-production-1940/>; acesso em: 28 abr. 2021.

JAMES, C. L. R. Self-Determination for the American Negroes. In: TRÓTSKI, Leon. *On Black Nationalism:* Documents on the Negro Struggle (1939). Disponível em: <https://www.marxists.org/archive/trotsky/works/1940/negro1.htm>; acesso em: 29 abr. 2021.

JAMESON, Fredric. *The Seeds of Time*. Nova York, Columbia University Press, 1994 [ed. bras.: *As sementes do tempo*, trad. José Rubens Siqueira e Maria Elisa Cevasco, São Paulo, Ática, 1997].

JONES, Claudia. An End to the Neglect of the Problems of the Negro Woman! In: GUY-SHEFTAL, Beverly (org.). *Words of Fire:* An Anthology of African-American Feminist Thought. Nova York, New Press, 1995.

KELLEY, Robin D. G. Black Study, Black Struggle. *Boston Review*, 7 mar. 2016. Disponível em: <http://bostonreview.net/forum/robin-d-g-kelley-black-study-black-struggle>; acesso em: 28 abr. 2021.

_____. *Hammer and Hoe:* Alabama Communists during the Great Depression. Chapel Hill, University of North Carolina Press, 1990.

KEMPTON, Murray. *Part of Our Time:* Some Ruins and Monuments of the Thirties. Nova York, Simon and Schuster, 1955.

KOLLONTAI, Aleksandra. Women Fighters in the Days of the Great October Revolution [1927]. In: *Alexandra Kollontai:* Selected Articles and Speeches. Moscou, Progress, 1984.

_____. Communism and the Family [1920]. In: *Selected Writings of Alexandra Kollontai*. Trad. Alix Holt, Londres, Allison & Busby, 1977.

_____. International Socialist Conferences of Women Workers, 1918. Disponível em: <https://www.marxists.org/archive/kollonta/1907/is-conferences.htm>; acesso em: 28 abr. 2021.

_____. New Woman [1918]. In: *The Autobiography of a Sexually Emancipated Communist Woman*. Trad. Salvator Attansio, Freiburg im Breisgau, Herder and Herder, 1971.

_____. Sexual Relations and the Class Struggle. In: *Selected Writings of Alexandra Kollontai*. Trad. Alix Holt, Londres, Allison & Busby, 1977.

KRAVETS, Olga. On Things and Comrades. *ephemera*, v. 13, n. 2, 2013.

LACAN, Jacques. *On Feminine Sexuality:* The Limits of Love and Knowledge, Book XX, Encore 1972-1973. Trad. Bruce Fink, Nova York, Norton, 1999 [ed. bras.: *O seminário*. Livro 20. Mais, ainda, trad. M. D. Magno, Rio de Janeiro, Jorge Zahar, 1985].

LAIKWAN, Pang. Dialectical Materialism. In: SORACE, Christian; FRANCESCHINI, Ivan; LOUBERE, Nicholas (orgs.). *The Afterlives of Chinese Communism*. Londres, Verso, 2019.

LANDY, Avram. Two Questions on the Status of Women under Capitalism. *Communist*, n. XX, 9 set. 1941.

LÊNIN, Vladímir Ilitch Uliánov. A Great Beginning: Heroism of the Workers in the Rear; "Communist Subbotniks" [1919]. In: *Lenin Collected Works*. Trad. George Hanna, Moscou, Progress, 1972, v. 29.

_____. Party Discipline and the Fight against the Pro-Cadet Social Democrats [1906]. In: *Lenin Collected Works*. Moscou, Progress, 1965, v. 11.

_____. Theses on the National Question. In: *Lenin Collected Works*. Moscou, Progress, 1977, v. 19.

_____. *O que fazer?* Trad. Avente! e Paula Vaz de Almeida, São Paulo, Boitempo, 2020.

202 | Camarada

LESSING, Doris. *The Golden Notebook*. Nova York, Simon and Schuster, 1962 [ed. bras.: *O carnê dourado*, Rio de Janeiro, Record, 1972].

LEWIN, Moshe. *The Soviet Century*. Londres, Verso, 2016 [ed. bras.: *O século soviético*, trad. Silvia de Souza Costa, Rio de Janeiro, Record, 2007].

LOMNITZ, Claudio. *The Return of Comrade Ricardo Flores Magón*. Nova York, Zone, 2014.

LUO, Chris. Keep Calling Each Other "Comrade," Chinese Communist Party Tells Members after Rule Review. *South China Morning Post*, 18 nov. 2014.

MAGUN, Artemy. *Negative Revolution*. Londres, Bloomsbury, 2013.

MARX, Karl. Instructions for the Delegates of the Provisional General Council: The Different Questions. In: *Der Verbote*, n. 11 e 12, 1866, e *International Courier*, n. 6 e 7, 1867. Disponível em: <https://www.marxists.org/archive/marx/works/1866/08/instructions.htm>; acesso em: 7 maio 2021.

MARX, Karl. Marx to dr. Kugelmann Concerning the Paris Commune, 12 abr. 1871. Disponível em: <https://www.marxists.org/archive/marx/works/1871/letters/71_04_12.htm>; acesso em: 7 maio 2021 [ed. bras.: Marx a Ludwig Kugelman em Hannover; Londres, 12 de abril de 1871. In: *A guerra civil na França*, trad. Rubens Enderle, São Paulo, Boitempo, 2011].

_____. *Crítica do Programa de Gotha*. Trad. Rubens Enderle, São Paulo, Boitempo, 2012.

MARXISTS.ORG. Moscow Trials: The Case of Bukharin; Last Plea – Evening Session, March 12. Disponível em: <https://www.marxists.org/archive/bukharin/works/1938/trial/3.htm>; acesso em: 10 maio 2021.

MATUSOW, Harvey. *False Witness*. Nova York, Cameron & Kahn, 1955.

MCCUMBER, John. *Time in the Ditch:* American Philosophy in the McCarthy Era. Evanston, Northwestern University Press, 2001.

MCDUFFIE, Erik S. *Sojourning for Freedom:* Black Women, American Communism, and the Making of Black Left Feminism. Durham, Duke University Press, 2011.

MCGILLIGAN, Patrick; BUHLE, Paul. *Tender Comrades:* A Backstory of the Hollywood Blacklist. Minneapolis, University of Minnesota Press, 1997.

MITFORD, Jessica. *A Fine Old Conflict.* Nova York, Vintage, 1978.

MOORE, Audley. Her Life in the CPUSA and Why She Resigned (vídeo). Disponível em: <https://www.youtube.com/watch?v=JBua9tmimWs>; acesso em: 10 maio 2021.

MORTON, Timothy. *Hyperobjects:* Philosophy and Ecology after the End of the World. Minneapolis, University of Minnesota Press, 2013.

NAISON, Mark. Historical Notes on Blacks and American Communism: The Harlem Experience. *Science & Society,* v. 42, n. 3, 1970.

_____.*Communists in Harlem during the Depression.* Nova York, Grove, 1983.

NOT AN ALTERNATIVE. Institutional Liberation. *e-flux,* n. 77, nov. 2016. Disponível em: <https://www.e-flux.com/journal/77/76215/institutional-liberation/>; acesso em: 28 abr. 2021

OLEYNIKOV, Nikolay; TIMOFEEVA, Oxana. Beastly Spirits: A Pack of Folks. *Rethinking Marxism,* v. 28, n. 3-4, 2016.

OLMSTED, Kathryn S. *Red Spy Queen:* A Biography of Elizabeth Bentley. Chapel Hill, University of North Carolina Press, 2002.

ORWELL, George. *Homage to Catalonia.* San Diego, Harcourt Brace, 1952 [ed. bras.: *Homenagem à Catalunha:* a luta antifascista na Guerra Civil Espanhola, trad. Claudio Alves Marcondes, São Paulo, Companhia das Letras, 2021].

PALL MALL GAZETTE. I Am Tired, Comrades. *Pall Mall Gazette,* 17 set. 1921.

PATTERSON, Louise Thompson. Toward a Brighter Dawn [1936]. *Viewpoint Magazine,* 31 out. 2015. Disponível em: <https://viewpointmag.com/2015/10/31/toward-a-brighter-dawn-1936/>; acesso em: 28 abr. 2021.

PLATÓNOV, Andrei. *Chevengur*. Trad. Anthony Olcott, Ann Arbor, Ardis, 1978.

PODOROGA, Valery. The Eunuch of the Soul. *South Atlantic Quarterly*, v. 90, n. 2, 1991.

RILEY, W. Harrison. Reminiscences of Karl Marx. *Comrade*, v. 3, n. 1, 1903.

ROBINSON, Cedric J. *Black Marxism:* The Making of a Radical Tradition. Chapel Hill, University of North Carolina Press, 2000.

SAKHNO, Serguei; TERSIS, Nicole. Is a "Friend" an "Enemy"? Between "Proximity" and "Opposition". In: VANHOVE, Martine (org.). *From Polysemy to Semantic Change*. Amsterdã, John Benjamins, 2008.

SAMUEL, Raphael. *The Loss World of British Communism*. Londres, Verso, 2006.

SCHMITT, Carl. *The Concept of the Political*. Ed. ampliada, trad. George Schwab, Chicago, University of Chicago Press, 2007 [ed. bras.: *O conceito do político/Teoria do partisan*, trad. Geraldo de Carvalho, Belo Horizonte, Del Rey, 2009].

SCHRECKER, Ellen. *Many Are the Crimes*. Boston, Little, Brown, and Company, 1998.

SHAOQI, Liu. How to Be a Good Communist, seção IV (1939). Disponível em: <https://www.marxists.org/reference/archive/liu-shaoqi/1939/how-to-be/index.htm>; acesso em: 7 maio 2021.

SHUKAITIS, Stevphen. Can the Object Be a Comrade? *ephemera*, v. 12, n. 2, 2013.

SILVA, Jennifer M. *Coming Up Short:* Working-Class Adulthood in an Age of Uncertainty. Nova York, Oxford University Press, 2013.

SINGH, Nikhil Pal. *Black Is a Country:* Race and the Unfinished Struggle for Democracy. Cambridge, MA, Harvard University Press, 2004.

SITAS, Ari. The Making of the "Comrades" Movement in Natal, 1985--1991. *Journal of South African Studies*, v. 18, n. 3, set. 1992.

Referência bibliográficas | 205

SOLOMON, Mark. *The Cry Was Unity*. Jackson, University of Mississippi Press, 1998.

STAAL, Jonas. Assemblism. *e-flux*, n. 80, mar. 2017. Disponível em: <https://www.e-flux.com/journal/80/100465/assemblism/>; acesso em: 28 abr. 2021.

SZCZUR, Karolina, Fundamentals of Effective Allyship. *Medium*, 12 fev. 2018. Disponível em: <https://medium.com/@fox/fundamentals-of-effective-allyship-468bd0afe89b>; acesso em: 28 abr. 2021.

TAYLOR, Astra et al. (orgs.) *Occupy!* Scenes from Occupied America. Londres, Verso, 2011.

TIMOFEEVA, Oxana. *History of Animals*. Londres, Bloomsbury, 2018.

TOMEK, Beverly. The Communist International and the Dilemma of the American "Negro Problem": Limitations of the Black Belt Self-Determination Thesis. *Working USA:* The Journal of Labor and Society, n. 15, dez. 2012.

UTT, Jamie. So You Call Yourself an Ally: 10 Things All "Allies" Need to Know. *Everyday Feminism*, 8 nov. 2013. Disponível em: <https://everydayfeminism.com/2013/11/things-allies-need-to-know/>; acesso em: 28 abr. 2021.

VINOKUR, G. O. *Kul'tura iazyka*. Moscou, 1929.

WALKER, Gavin. The Body of Politics: On the Concept of the Party. *Theory & Event*, v. 16, n. 4, 2013.

WARK, McKenzie. *Molecular Red*. Londres, Verso, 2015.

WEEKS, Kathi. *The Problem with Work:* Feminism, Marxism, Antiwork Politics, and Postwork Imaginaries. Durham, Duke University Press, 2011.

WEIGAND, Kate. *Red Feminism:* American Communism and the Making of Women's Liberation. Baltimore, Johns Hopkins University Press, 2001.

WELLINGTON, Amy. The Slave of a Slave. *Comrade*, v. 1, n. 6, 1901.

WHITAKER, Robert. *On the Lap of the Gods*. Nova York, Three Rivers, 2009.

WHITMAN, Walt. Para ti Ó Democracia. In: *Folhas na relva:* edição de leito de morte. Trad. Bruno Gambarotto, São Paulo, Hedra, 2011.

WIKITIONARY. Disponível em: <https://en.wiktionary.org/wiki/camarade>; acesso em: 26 abr. 2021.

_____. Disponível em: <https://en.wiktionary.org/wiki/comrade>; acesso em: 26 abr. 2021.

WILDERSON III, Frank B. *Incognegro:* A Memoir of Exile and Apartheid. Durham, Duke University Press, 2015.

WILLETT, John; MANNHEIM, Ralph (orgs.). *The Measures Taken and Other Lehrstücke.* Nova York, Arcade, 2001 [ed. bras.: A decisão: peça didática. In: *Teatro completo 3,* trad. Ingrid Dormien Koudela, São Paulo, Paz e Terra].

ZETKIN, Clara. Lenin on the Women's Question. In: LÊNIN, Vladímir Ilitch Uliánov. *The Emancipation of Women:* From the Writings of V. I. Lenin. Nova York, International, 201) [ed. bras.: Lênin e o movimento feminino. In: LÊNIN, Vladímir Ilitch Uliánov. *O socialismo e a emancipação da mulher,* Rio de Janeiro, Vitória, 1956].

ŽIŽEK, Slavoj. Class Struggle or Postmodernism? In: BUTLER, Judith; LACLAU, Ernesto; ŽIŽEK, Slavoj (orgs.). *Contingency, Hegemony, Universality:* Contemporary Dialogues on the Left. Londres, Verso, 2000.

_____. *Less Than Nothing.* Londres, Verso, 2012 [ed. bras.: *Menos que nada:* Hegel e a sombra do materialismo dialético, trad. Rogério Bettoni, São Paulo, Boitempo, 2013].

SOBRE A AUTORA

Jodi Dean é professora de teoria política, de teoria feminista e de mídia em Geneva, Nova York, onde também está engajada em trabalho político de base. Criada nos estados do Mississippi e do Alabama, ela se formou na Universidade Princeton e obteve seus títulos de mestrado e PhD na Universidade Columbia. Originalmente, seu foco foi em estudos soviéticos. No segundo ano de graduação, quando a União Soviética ruiu e o campo de estudos se dissolveu, ela migrou para teoria política. Seus livros abordam temas como solidariedade, possibilidades para a democracia, capitalismo comunicativo e construção de uma política que tenha o comunismo como horizonte. É autora/organizadora de mais de uma dezena de livros.

Logo de Apruebo Dignidad, unidade antineoliberal
por um novo Chile.

Este livro foi publicado em maio de 2021, dias depois da eleição para a nova Constituição do Chile, que resultou em 117 (de 155) eleitos de esquerda, centro-esquerda ou independentes – com maioria feminina. Um marco cinquenta anos após a posse de Salvador Allende e mais de trinta anos depois do fim da ditadura no país. Composto em Adobe Garamond Pro, corpo 11/14,3, *Camarada* foi reimpresso em papel Polén Soft 80 g/m² pela gráfica Lis para a Boitempo, com tiragem de mil exemplares.